W0314378

Philosophie

terminales STT, STI, STL, SMS

Gérard Chomienne
lycée Marcelin Berthelot (Pantin)

André Senik
lycée Florent Schmitt (Saint-Cloud)

Philosophie

terminales STT, STI, STL, SMS

HATIER

Les auteurs tiennent à remercier leur ami Marc-Vincent Howlett
pour sa participation à la conception de cet ouvrage.
Le choix du texte de Rodin sur Phidias et Michel-Ange leur a été inspiré
par le dossier en préparation La Sculpture sous tous ses angles, *réalisé*
par Manon Potvin pour le service culturel du Louvre.
Enfin, ils rendent particulièrement hommage à Claire Dupuis, leur éditrice,
pour sa lecture vigilante et perspicace.

Édition : Claire Dupuis
Composition, maquette : Ici & Ailleurs
Iconographie : Hatier illustration avec la collaboration de Kiuston Hallé

Présentation

Arrivé(e) à la dernière année de vos études secondaires, vous vous étonnez peut-être d'avoir à vous initier à la philosophie, une discipline qui semble bien différente de celles qu'on vous a enseignées jusque là, puisqu'elle incite moins à assimiler un savoir qu'à se poser des questions.

La raison en est que nul n'a le droit de penser et de décider à votre place dans une société démocratique et laïque comme la nôtre. Ce droit de penser librement les principes essentiels de votre vie privée, de votre responsabilité politique et de votre activité professionnelle, vous ne pourrez pas l'exercer pleinement si vous n'avez pas appris à examiner les idées philosophiques entre lesquelles il vous faudra choisir lorsque vous serez confronté(e) à un problème fondamental.

Le programme de philosophie

Votre programme vous invite à réfléchir sur les trois principes essentiels de notre société : l'humanisme, la démocratie et la rationalité. Chacun de ces domaines est divisé en trois chapitres.

Premier domaine : la nature, la technique, l'art

Le problème délimité par ces trois notions est celui de l'humanisme, et peut s'énoncer ainsi : qu'est-ce qui fait de chacun de nous un être humain ?

Cette interrogation part d'une réflexion sur **la nature** dont nous sommes issus, comme les autres animaux, mais dont nous nous séparons par la culture, c'est-à-dire le travail, le langage et l'histoire.

Elle nous conduit à **la technique**, par laquelle nous travaillons à transformer la nature et à créer le monde des objets humains, qui est notre nouveau milieu de vie.

Elle aboutit à **l'art**, l'un des langages dont les signes et les formes donnent du sens à notre existence.

Deuxième domaine : l'histoire, le droit, la liberté

Le problème délimité par ces trois notions est celui de la démocratie et peut s'énoncer ainsi : comment organiser une société où tous les hommes seront libres, égaux en dignité et en droits ?

Cette interrogation part d'une réflexion sur **l'histoire** dont les hommes héritent, et dont ils ont la responsabilité parce qu'elle détermine la paix ou la guerre, la justice ou la violence.

Elle conduit au **droit**, qui est destiné à remplacer les rapports de force par des règles chargées de faire régner l'ordre et la justice.

Elle aboutit à **la liberté**, principe essentiel de la démocratie dont les lois garantissent l'égalité de droits et de dignité entre tous les citoyens.

Troisième domaine : la conscience, la raison, la vérité

Le problème délimité par ces trois notions est celui de la rationalité et peut s'énoncer ainsi : comment penser par soi-même et avec les autres ?

Cette interrogation part d'une réflexion sur **la conscience**, qui fait de notre pensée individuelle le juge ultime de nos pensées et de nos décisions.

Elle nous conduit à **la raison**, qui est la règle commune permettant à toutes les consciences de se mettre d'accord sur ce qu'elles jugent vrai et juste.

Elle aboutit à **la vérité**, qui nous fait connaître et comprendre la réalité à travers des approches différentes et dont l'exigence est de ne tromper ni soi ni les autres.

La structure des chapitres

Chacun des neuf chapitres de ce manuel comporte une partie de connaissances à acquérir et une autre de travaux dirigés.

Les connaissances

Tout dans cette partie a été rédigé avec le souci d'être accessible à un élève débutant en philosophie.

Un éditorial soulève d'abord les questions auxquelles le chapitre est consacré.

Puis un **cours** de quatre pages propose une traversée du problème. Il situe les principaux points de discussion et présente les quelques idées essentielles qui s'y confrontent, les différentes thèses auxquelles il faut réfléchir.

S'il ne cache pas les options de ses rédacteurs en faveur de l'humanisme, du rationalisme et de la démocratie, le cours donne aux élèves et à leur professeur les moyens de le contester et de le discuter, car cet examen critique est la condition d'une réflexion philosophique.

Viennent ensuite des textes d'auteurs, précédés de la question philosophique à laquelle ils ont apporté une réponse qui a fait date. Il est bon de lire **les idées** qui ont le plus compté **dans le texte** qui les a formulées.

Une page de vocabulaire, **les idées par les mots**, conclut cette partie. Les termes essentiels du chapitre y sont examinés dans leur suite logique. Ils sont définis et expliqués dans leurs rapports avec les mots voisins et avec leurs opposés.

Les travaux dirigés

Pour s'initier à la réflexion philosophique et se préparer aux épreuves du bac, les travaux dirigés sont organisés dans trois directions : la lecture, la discussion, l'écriture.

Lecture en questions

Vous trouverez là un extrait important d'une œuvre littéraire ou documentaire illustrant un problème philosophique dans un langage accessible. Un questionnaire oriente en outre votre réflexion dans la perspective d'une fiche de lecture ou d'un exposé.

Arguments pour une étude de cas

Cette expression, employée habituellement dans les matières technologiques, désigne à l'origine un exercice en vigueur dans les universités anglo-saxonnes : les étudiants y apprennent le droit ou l'économie à partir de cas concrets.

La même idée peut être appliquée en philosophie. L'actualité est riche de problèmes concrets qui soulèvent des débats philosophiques. Dans chaque étude de cas, nous avons proposé les éléments d'une discussion. On peut imaginer qu'ayant pris connaissance des faits à propos desquels tel problème se pose, deux groupes d'élèves soient chargés d'étudier les arguments principaux en faveur des thèses en présence et de les défendre dans une discussion orale. La discussion pourrait être conduite par les élèves d'un troisième groupe qui serait une sorte de jury et dont la tâche serait en outre d'analyser la qualité de l'argumentation des uns et des autres.

S'exercer à exprimer ses idées avec clarté, à écouter les autres, voilà la vertu d'un dialogue raisonnable entre interlocuteurs de bonne foi.

Exercices en vue du bac

Préparer une dissertation

Notre propos n'est pas de présenter une méthode qui traite de tous les aspects de la dissertation. Nous avons concentré nos questions sur la lecture réfléchie des sujets. Car c'est cette lecture qui permet de savoir quel est exactement le problème sur lequel il faut faire porter la dissertation. Savoir lire *les mots de l'énoncé*, comprendre *la forme de la question* et découvrir *les idées qui font le problème*, voilà les opérations absolument essentielles à qui veut apprendre à disserter.

Expliquer un texte

Que ce soit pour répondre aux questions qui accompagnent le texte proposé à l'écrit du bac, ou pour commenter un texte à l'oral – possibilité nouvellement offerte aux épreuves du deuxième groupe –, il est essentiel d'apprendre à *lire le texte* phrase par phrase, de mettre en évidence le problème qu'il traite, la thèse qu'il défend et les arguments qu'il propose, bref d'en *trouver la problématique*.

Bilan

Chaque chapitre se clôt par une page d'évaluation dans laquelle est proposé un ensemble de questions portant sur le *vocabulaire*, les *connaissances* et un court *texte* significatif du problème abordé dans le chapitre.

La philosophie présente deux particularités déconcertantes : d'une part, les problèmes qu'elle pose sont les plus généraux qu'on puisse rencontrer et, par conséquent, les idées qu'elle utilise sont difficiles à saisir à cause de leur abstraction ; d'autre part, sur tous les problèmes, les plus grands penseurs s'opposent les uns aux autres, si bien qu'il semble difficile d'arrêter son propre point de vue.

Pour affronter ces difficultés, il faut des outils de pensée. Ce livre se propose de vous aider à les acquérir pour votre propre usage.

André Senik et Gérard Chomienne

PROGRAMME

Liste des notions pour les classes de terminale conduisant au baccalauréat de technicien (toutes séries technologiques)
La nature, l'art, la technique, l'histoire, le droit, la liberté, la conscience, la raison, la vérité.

Nouvelles modalités concernant l'épreuve orale de contrôle (*Bulletin officiel* du 28 juillet 1994)
Durée : 20 minutes.
Temps de préparation : 20 minutes.
Coefficient 2 – séries SMS, STI, STL, STT hôtellerie, musique.
Coefficient 1 – série arts appliqués.
Le candidat présentera à l'examinateur la liste des textes étudiés, empruntés ou non à une même œuvre, parmi celles des auteurs inscrits au programme. La liste présentée par les élèves d'un établissement d'enseignement sera signée par le professeur, visée par le chef d'établissement et annexée au livret scolaire. Le candidat sera porteur d'un exemplaire de chacun des textes.
L'épreuve orale portera sur l'un des textes présentés ou, à défaut, sur un bref texte proposé par l'examinateur, en liaison avec les notions du programme. L'interrogation devra permettre au candidat de faire preuve de connaissances élémentaires (vocabulaire, problèmes fondamentaux...), de tirer parti de ses qualités de réflexion et d'expression, ainsi que des lectures qu'il a pu faire au cours de l'année.

Sommaire

1 La nature

2 La technique

3 L'art

4 L'histoire

7 La conscience

8 La raison

1 En quoi sommes-nous humains?

**L'homme est un être vivant. Il n'est pourtant pas un animal comme les autres. Décidant librement de sa vie, il se pose des questions sur son origine, sur son identité, sa dignité et ses droits :
D'où vient l'homme et qui est-il ?
Sa nature humaine le condamne-t-elle à l'agressivité envers autrui ?
Les droits qu'il se donne sur la nature et sur les animaux sont-ils des privilèges exorbitants ?
Peut-il modifier l'ordre naturel, voire sa propre nature biologique, à son gré?
S'interroger sur la nature nous ramène à la plus philosophique des questions : « Qu'est-ce que l'homme ? »**

La nature

Srinagar, Cachemire. Photo Henri Cartier-Bresson, 1948.

Cours

De la nature à l'humanité

L'homme est l'animal qui s'interroge sur lui-même. Quand l'homme considère la nature, et qu'il se demande qui il est par rapport à elle, ce qu'il a de commun avec les animaux et ce qui le différencie d'eux, il se sent double, comme s'il était écartelé entre son corps et son esprit. « Ni ange ni bête », écrit Pascal. Est-il un être de nature, c'est-à-dire un animal, simplement plus intelligent et plus puissant que les autres, ou bien est-il d'une autre nature que les animaux ?

La « nature de l'homme », une expression inévitable mais confuse

Bien que nous rencontrions et utilisions fréquemment les expressions « nature de l'homme » ou « nature humaine », ces formulations font problème. Le mot « nature » suggère en effet une identité invariable et un destin indépassable, car, par définition, « on n'échappe pas à sa nature ». Or Rousseau, réfléchissant à ce qui fait la plus grande différence entre l'animal et l'homme, concluait au XVIIIe siècle que l'homme se transforme et se perfectionne à l'infini (texte 3 p. 22) alors que l'animal ne peut pas dépasser ce que la nature a fait de lui. Au XXe siècle, Jean-Paul Sartre récuse explicitement l'expression « nature humaine » et préfère parler de « condition de l'homme » parce que l'homme choisit ce qu'il fait du corps et de la culture dont il a hérités par naissance. Il faudrait toujours mettre « nature de l'homme » entre guillemets afin de se souvenir que l'homme modifie sans cesse les données dont il est issu.

Ce qui met l'homme au-dessus de la nature

On a souvent attribué les aptitudes exceptionnelles de l'homme à l'âme, supposée être une substance d'origine divine, immatérielle et éternelle. Dans cette hypothèse, il est facile de définir l'homme comme naturel par son corps et surnaturel par son âme. Toutefois, l'existence de l'âme étant par définition indémontrable, cette hypothèse est affaire de croyance.

De son côté, l'explication scientifique a pour tâche d'expliquer, sans invoquer aucun principe mystérieux, comment l'homme est apparu dans la nature et comment il est devenu un être humain radicalement différent des autres vivants. Cette explication tient en deux idées : premièrement, les possibilités exceptionnelles de l'espèce humaine proviennent de l'évolution naturelle des espèces ; deuxièmement, l'individu né homme ne devient humain que s'il est formé par la culture, c'est-à-dire par les formes de vie et de pensée inventées et transmises par les autres hommes.

Nous sommes hommes par nature

L'homme est issu de l'évolution naturelle des espèces, nous le savons depuis que Darwin l'a démontré au XIXe siècle. Nous sommes faits des mêmes matériaux que les autres animaux. Leurs comportements sont souvent des ébauches des nôtres. Les aptitudes propres à notre espèce sont naturelles : notre cerveau est certes infiniment plus

➨ G. C. – *Tout problème est donc de langage ?*
➨ C. L.-S. – Je pense que tout problème est de langage, nous le disions pour l'art. Le langage m'apparaît comme le fait culturel par excellence, et cela à plusieurs titres ; d'abord parce que le langage est une partie de la culture, l'une de ces aptitudes ou habitudes que nous recevons de la tradition externe ; en second lieu, parce que le langage est l'instrument essentiel, le moyen privilégié par lequel nous nous assimilons la culture de notre groupe… un enfant apprend sa culture parce qu'on lui parle : on le réprimande, on l'exhorte, et tout cela se fait avec des mots ; enfin et surtout, parce que le langage est la plus parfaite de toutes les manifestations d'ordre culturel qui forment, à un titre ou à l'autre, des systèmes, et si nous voulons comprendre ce que c'est que l'art, la religion, le droit, peut-être même la cuisine ou les règles de la politesse, il faut les concevoir comme des codes formés par l'articulation de signes, sur le modèle de la communication linguistique.

Georges Charbonnier, *Entretiens avec Claude Lévi-Strauss*,
Presses Pocket, 1969, pp. 180-188.

■ TEXTE 2 ■ ERNST CASSIRER, 1944

Entre l'homme et le monde : l'univers des symboles

L'homme est un animal qui a interposé un autre univers entre la nature et lui. Il vit sa réalité biologique au travers de ce nouvel univers, ce qui fait de lui un animal très particulier.

L'homme a, pour ainsi dire, découvert une nouvelle méthode d'adaptation au milieu. Entre les systèmes récepteur et effecteur propres à toute espèce animale existe chez l'homme un troisième chaînon que l'on peut appeler *système symbolique*. Ce nouvel acquis transforme l'ensemble de la vie humaine. Comparé aux autres animaux, l'homme ne vit pas seulement dans une réalité plus vaste, il vit, pour ainsi dire, dans une nouvelle *dimension* de la réalité. Entre les réactions organiques et les réponses humaines existe une différence indubitable. Dans le premier cas, à un stimulus externe correspond une réponse directe et immédiate ; dans le second cas, la réponse est différée. Elle est suspendue et retardée par un processus lent et compliqué de la pensée. Le bénéfice d'un tel délai peut sembler à première vue bien contestable. « L'homme qui médite, dit Rousseau, est un animal dépravé » : outrepasser les frontières de la vie organique n'est pas pour la nature humaine perfection mais dégradation.

Il n'existe pourtant aucun remède contre ce renversement de l'ordre naturel. L'homme ne peut échapper à son propre accomplissement. Il ne peut qu'accepter les conditions de sa vie propre. Il ne vit plus dans un univers purement matériel, mais dans un univers symbolique. Le langage, le mythe, l'art, la religion sont des éléments de cet univers. Ce sont les fils différents qui tissent la toile du symbolisme, la trame enchevêtrée de l'expérience humaine. Tout progrès dans la pensée et l'expérience de l'homme complique cette toile et la renforce. L'homme ne peut plus se trouver en présence immédiate de la réalité ; il ne peut plus la voir, pour ainsi dire, face à face. La réalité matérielle semble reculer à mesure que l'activité symbolique de l'homme progresse. Loin d'avoir rapport aux choses mêmes, l'homme, d'une certaine manière, s'entretient constamment avec lui-même. Il s'est tellement entouré de formes linguistiques, d'images artistiques, de symboles mythiques, de rites religieux, qu'il ne peut rien voir ni connaître sans interposer cet élément médiateur artificiel.

Peinture rupestre, époque paléolithique supérieur, Grotte des mains, Argentine. Photo René Burri.

Ernst Cassirer, *Essai sur l'homme*,
trad. Norbert Massa, Éditions de Minuit, 1991, p. 42.

■ TEXTE 3 ■ ROUSSEAU, 1755

L'homme est libre et perfectible

Les animaux sont nos semblables sur bien des points, mais ils n'échappent pas à leur destin naturel, tandis que l'homme s'en distingue grâce à deux traits essentiels.

Je ne vois dans tout animal qu'une machine ingénieuse, à qui la nature a donné des sens pour se remonter elle-même, et pour se garantir, jusqu'à un certain point, de tout ce qui tend à la détruire ou à la déranger. J'aperçois précisément les mêmes choses dans la machine humaine ; avec cette différence que la nature seule fait tout dans les opérations de la bête, au lieu que l'homme concourt aux siennes en qualité d'agent libre. L'une choisit ou rejette par instinct, et l'autre par un acte de liberté ; ce qui fait que la bête ne peut s'écarter de la règle qui lui est prescrite, même quand il lui serait avantageux de le faire, et que l'homme s'en écarte souvent à son préjudice. C'est ainsi qu'un pigeon mourrait de faim près d'un bassin rempli des meilleures viandes, et un chat sur des tas de fruits ou de grain, quoique l'un et l'autre pût très bien se nourrir de l'aliment qu'il dédaigne, s'il était avisé d'en essayer [...].

Tout animal a des idées, puisqu'il a des sens ; il combine même ses idées jusqu'à un certain point : et l'homme ne diffère à cet égard de la bête que du plus au moins. Quelques philosophes ont même avancé qu'il y a plus de différence de tel homme à tel homme, que de tel homme à telle bête. Ce n'est donc pas tant l'entendement[1] qui fait parmi les animaux la distinction spécifique de l'homme, que sa qualité d'agent libre. La nature commande à tout animal, et la bête obéit. L'homme éprouve la même impression, mais il se reconnaît libre d'acquiescer ou de résister ; et c'est surtout dans la conscience de cette liberté que se montre la spiritualité de son âme [...].

Mais, quand les difficultés qui environnent toutes ces questions laisseraient quelque lieu de disputer[2] sur cette différence de l'homme et de l'animal, il y a une autre qualité très spécifique qui les distingue, et sur laquelle il ne peut y avoir de contestation : c'est la faculté de se perfectionner, faculté qui, à l'aide des circonstances, développe successivement toutes les autres, et réside parmi nous tant dans l'espèce que dans l'individu ; au lieu qu'un animal est au bout de quelques mois ce qu'il sera toute sa vie, et son espèce au bout de mille ans ce qu'elle était la première année de ces mille ans.

Jean-Jacques Rousseau, *Discours sur l'origine et les fondements de l'inégalité parmi les hommes*, dans *Œuvres complètes*, t. II, Éditions du Seuil, coll. « L'intégrale », 1971, p. 218.

1 Entendement : intelligence abstraite.

2 Disputer : débattre de façon rationnelle.

■ TEXTE 4 ■ ROUSSEAU, 1762

Ce qui change entre l'état de nature et l'état de société

Le passage de la vie naturelle à la vie en société change-t-il les hommes à l'intérieur même de leur conscience individuelle au point de modifier leur nature ?

Ce passage de l'état de nature[1] à l'état civil produit dans l'homme un changement très remarquable, en substituant dans sa conduite la justice à l'instinct, et donnant à ses actions la moralité qui leur manquait auparavant. C'est alors seulement que la voix du devoir succédant à l'impulsion physique et le droit à l'appétit, l'homme, qui jusque-là n'avait regardé que lui-même, se voit forcé d'agir sur d'autres principes, et de consulter sa raison avant d'écouter ses penchants.

Jean-Jacques Rousseau, *Du contrat social*, livre I, chap. VIII, Garnier, 1963, p. 46.

1 État de nature : stade antérieur à l'établissement des sociétés désigné par l'état civil.

■ TEXTE 5 ■ KANT, 1797

Les châtiments indignes de l'homme

Doit-on traiter avec le respect dû à l'espèce humaine ceux qui ont commis des actes indignes de l'homme ? Autrement dit, doit-on le respect à toute personne parce qu'elle est humaine ou en fonction de ses mérites ?

[...] je ne puis refuser à l'homme vicieux lui-même tout respect en tant qu'homme, puisque tout au moins le respect qui lui est dû en sa qualité d'homme ne peut lui être ôté, bien qu'il s'en rende indigne par ses actes. Ainsi peut-il y avoir des peines infamantes qui déshonorent l'humanité même (par exemple l'écartèlement, donner le criminel aux chiens, couper nez et oreilles) et qui non seulement sont plus douloureuses à l'homme jaloux de son honneur (et qui prétend, comme chacun doit le faire, au respect des autres) que la perte de ses biens et de la vie, mais qui encore font rougir de honte le spectateur d'appartenir à une espèce avec laquelle on doit procéder ainsi.

Emmanuel Kant, *Métaphysique des mœurs*, II, § 39,
Doctrine de la vertu, trad. A. Philonenko,
Garnier-Flammarion, 1993, p. 141.

■ TEXTE 6 ■ LA GENÈSE, XIVe-IXe SIÈCLES AV. J.-C.

Nos droits sur la nature

Au début de la Bible on trouve la Genèse, récit de la création du monde et de l'homme. Ce texte a servi de référence première aux religions juive, chrétienne et islamique, et aux cultures inspirées d'elles. A la question : « l'homme a-t-il de plein droit une place particulière dans la nature, ou sa domination est-elle un abus ? », la Bible répond nettement.

Dieu dit : « Faisons l'homme à notre image, comme notre ressemblance, et qu'ils[1] dominent sur les poissons de la mer, les oiseaux du ciel, les bestiaux, toutes les bêtes sauvages et toutes les bestioles qui rampent sur la terre. »
Dieu créa l'homme à son image,
à l'image de Dieu il le créa,
homme et femme il les créa.
Dieu les bénit et leur dit : « Soyez féconds, multipliez, emplissez la terre et soumettez-la ; dominez sur les poissons de la mer, les oiseaux du ciel et tous les animaux qui rampent sur la terre. » Dieu dit : « Je vous donne toutes les herbes portant semence, qui sont sur toute la surface de la terre et tous les arbres qui ont des fruits portant semence : ce sera votre nourriture. »

Genèse 1, trad. Bible de Jérusalem.

1 Ils : l'homme et la femme.

■ TEXTE 7 ■ MICHEL SERRES, 1990

La nature aussi a des droits

Pendant que nous affirmions les droits de tous les hommes, nous avons négligé ceux de la nature. Faut-il passer avec elle un contrat de respect et d'intérêt réciproques, entre sujets égaux en droits ? Comment la nature nous fera-t-elle connaître ses droits ?

Retour donc à la nature ! Cela signifie : au contrat exclusivement social ajouter la passation d'un contrat naturel de symbiose et de réciprocité où notre rapport aux choses laisserait maîtrise et possession pour l'écoute admirative, la réciprocité, la contemplation et le respect, où la connaissance ne supposerait plus la propriété, ni l'action la maîtrise, ni celles-ci leurs résultats ou conditions stercoraires[1]. Contrat d'armistice dans la guerre objective, contrat de symbiose : le symbiote admet le droit de l'hôte, alors que le parasite – notre statut actuel – condamne à mort celui qu'il pille et qu'il habite sans prendre conscience qu'à terme il se condamne lui-même à disparaître.

Le parasite prend tout et ne donne rien ; l'hôte donne tout et ne prend rien. Le droit de maîtrise et de propriété se réduit au parasitisme. Au contraire, le droit de symbiose se définit par réciprocité : autant la nature donne à l'homme, autant celui-ci doit rendre à celle-là, devenue sujet de droit.

Michel Serres, *Le Contrat naturel*,
Flammarion, coll. « Champs », 1992, pp. 67-69.

1 Stercoraire : relatif aux déchets.

■ TEXTE 8 ■ FREUD, 1929

La civilisation face à l'agressivité

Dans un texte pourtant écrit avant la seconde guerre mondiale, Freud décèle au fond du psychisme de l'homme l'agressivité envers autrui. L'espoir d'un monde sans antagonisme doit-il être abandonné définitivement, ou peut-on remplacer l'agressivité mortelle par des formes plus positives d'affrontement ?

L'homme n'est point cet être débonnaire, au cœur assoiffé d'amour, dont on dit qu'il se défend quand on l'attaque, mais un être, au contraire, qui doit porter au compte de ses données instinctives une bonne somme d'agressivité. Pour lui, par conséquent, le prochain n'est pas seulement un auxiliaire et un objet sexuel possibles, mais aussi un objet de tentation. L'homme est, en effet, tenté de satisfaire son besoin d'agression aux dépens de son prochain, d'exploiter son travail sans dédommagements, de l'utiliser sexuellement sans son consentement, de s'approprier ses biens, de l'humilier, de lui infliger des souffrances, de le martyriser et de le tuer. *Homo homini lupus* : qui aurait le courage, en face de tous les enseignements de la vie et de l'histoire, de s'inscrire en faux contre cet adage ? [...]

Cette tendance à l'agression, que nous pouvons déceler en nous-mêmes et dont nous supposons à bon droit l'existence chez autrui, constitue le facteur principal de perturbation dans nos rapports avec notre prochain ; c'est elle qui impose à la civilisation tant d'efforts. Par suite de cette hostilité primaire qui dresse les hommes les uns contre les autres, la société civilisée est constamment menacée de ruine. L'intérêt du travail solidaire ne suffirait pas à la maintenir : les passions instinctives sont plus fortes que les intérêts rationnels. La civilisation doit tout mettre en œuvre pour limiter l'agressivité humaine et pour en réduire les manifestations à l'aide de réactions psychiques d'ordre éthique. De là, cette mobilisation de méthodes incitant les hommes à des identifications et à des relations d'amour inhibées quant au but ; de là cette restriction de la vie sexuelle ; de là aussi cet idéal imposé d'aimer son prochain comme soi-même, idéal dont la justification véritable est précisément que rien n'est plus contraire à la nature humaine primitive. Tous les efforts fournis en son nom par la civilisation n'ont guère abouti jusqu'à présent. [...] Mais il serait injuste de reprocher à la civilisation de vouloir exclure de l'activité humaine la lutte et la concurrence. Sans doute sont-elles indispensables, mais rivalité n'est pas nécessairement hostilité ; c'est simplement abuser de la première que d'en prendre prétexte pour justifier la seconde.

Sigmund Freud, *Malaise dans la civilisation*,
trad. Ch.-J. Odier, PUF, 1981, pp. 64-66.

Les idées par les mots

Ne pas confondre la nature et la nature d'une chose

L'expression « **la nature** » désigne tout ce que l'homme n'a pas fait.

Par extension, mais en un autre sens, « **la nature d'une chose** » concerne son origine et son essence, ce qu'une chose est par elle-même quand elle n'est pas modifiée par une intervention extérieure.

Dans l'étymologie du mot (en latin *natura* vient de *nascere,* naître), on trouve l'idée de croissance, ce qui invite parfois à comparer la nature à une personne dotée d'une vie et d'une volonté. C'est de là que viennent par exemple les expressions : « la nature a horreur du vide », « la nature fait bien les choses », « laisser faire la nature ».

Ce qui est naturel et ce qui ne l'est pas

Est **naturel** ce qui vient de la nature sans avoir été altéré : c'est le cas par exemple de l'eau de source. Le contraire du naturel est l'**artificiel**, quand le résultat est dû à une intervention de l'homme : c'est le cas par exemple du sucre synthétique.

Ce qui est indépendant de l'intervention humaine est **naturel**, ce qui dépend d'une décision humaine est **conventionnel**. L'âge de la puberté est naturel, alors que celui de la majorité légale est conventionnel.

On distingue ainsi ce qui est **donné** par la nature et ce qui est **institué** par les hommes, c'est-à-dire mis en place pour servir de point de repère ou de cadre à l'existence sociale.

Ce qu'un être vivant tient de la nature est **inné**, tandis que ce qui lui vient d'une influence extérieure est **acquis**.

Le naturel ne doit définir ni le normal ni le pervers

S'agissant des lois et des mœurs humaines, ce qui est qualifié de **naturel** se donne pour indiscutable et **légitime**.

Le monde de la nature n'étant pas celui des valeurs de l'homme, il est illusoire d'y chercher ce qui est **normal** pour l'homme, c'est-à-dire conforme aux règles. La **norme** dit ce qui doit être, et fixe une **règle** forcément conventionnelle.

Étant une lutte pour la vie accompagnée de l'élimination des moins viables, **la loi de la nature** ne peut pas servir de modèle social. Nous avons d'autres **valeurs**, qui priment sur la **force** et la viabilité.

Les normes sociales relatives à l'usage du corps sont conventionnelles et ne prennent pas pour seul objectif la reproduction de l'espèce ; les comportements sexuels humains qui ne contribuent pas à la reproduction de l'espèce ne sauraient donc être qualifiés de **dénaturés**, de **contre-nature** ou de **pervers**.

On naît homme, on devient humain, et parfois inhumain

L'homme est une espèce vivante issue de la nature mais qui vit dans le monde **artificiel** du langage et de la **culture** créé par lui-même. La culture institue des façons de vivre et des valeurs variables selon les lieux, les époques, les traditions et les langues.

L'homme et l'animal sont parents par leur **sensibilité**, c'est-à-dire par la capacité de ressentir plaisir et souffrance, joie et peine.

Ils diffèrent par l'appartenance de l'homme à un monde constitué de **systèmes symboliques**. Dans ces systèmes, tels le langage, la parenté ou la musique, les signes contiennent une signification. Être **géniteur** par exemple est un fait de nature, alors qu'être **père** c'est occuper une fonction symbolique qui varie selon les cultures.

L'appartenance au langage contenant les idées du **bien** et du **mal** rend l'homme **moralement responsable** de ses actions, tandis que l'animal, ignorant le bien et le mal, est définitivement **innocent**, ni bon ni méchant.

Tout homme est par nature **digne** de **respect** en ce qu'il est, a été, sera ou aurait pu être membre du monde de la pensée et de la responsabilité morale. C'est cette possibilité qui constitue **l'espèce humaine**.

Lecture en questions

Vercors, 1952

Les Animaux dénaturés

Dans cette fiction, un journaliste accompagne en Nouvelle-Guinée une expédition de paléontologie, science des êtres vivants dont il ne reste que des fossiles. Première surprise, cette équipe découvre des crânes d'une espèce intermédiaire entre les singes les plus évolués et les hommes les plus primitifs. Deuxième surprise : ce « chaînon manquant » entre le singe et l'homme appartient à des êtres vivants ! Sont-ils encore des singes ? Sont-ils déjà des hommes ? Leur destin dépendra de la réponse. Mais quelle est la définition de l'homme ?

Le journaliste Douglas Templemore raconte par lettre à sa fiancée Frances pourquoi les scientifiques de l'équipe, Pop, Greame, Kreps et Sybil, étudient les cailloux lancés la veille par ces êtres qu'ils prenaient pour des singes.

J'ai compris tout de suite pourquoi Pop cherchait ces cailloux. Que c'était pour voir s'ils étaient taillés. Vous savez, comme ces pointes de flèches, ou ces haches de silex qu'on trouve dans les terrains préhistoriques de l'âge de la pierre. Et il m'apparut d'évidence (ou du moins je le crus…) que si les singes qui les avaient lancés savaient tailler la pierre, alors ce n'étaient pas des singes, mais des hommes.

Les pierres étaient taillées, Frances. Elles étaient même taillées avec un soin et un art singuliers. C'étaient ce qu'on appelle, paraît-il, des « coups de poing », c'est-à-dire une arme primitive dont ces êtres se servent pour assommer plus sûrement une proie. […]

[Mais] il ne paraît pas douteux non plus que, par leur constitution zoologique, les êtres qui nous ont lancé ces cailloux taillés ne sont pas des hommes, mais des singes. Je vous raconterai plus loin comment nous avons fait, mais Greame, Pop et Sybil ont déjà pu se livrer sur eux à des études approfondies. L'état d'excitation où ils se trouvent, je vous le laisse à imaginer. Le fait est que je le partage ! Avoir trouvé l'Anthropopithèque, le *missing link*, le chaînon manquant – et l'avoir trouvé vivant ! Des crânes pareils à celui que Kreps a rapporté, nous en avons déterré depuis des centaines. Et aussi des squelettes entiers – car il apparaît bien que ces singes étranges enterrent leurs morts. Nous avons découvert une vraie nécropole[1], grossière et primitive certes, mais dont le caractère funéraire est certain. Pourtant ce sont des singes. Je n'y connais pas grand-chose, assurément, mais il suffit de les regarder. Ils ont des bras démesurés, et bien qu'ils se tiennent généralement droits, il leur arrive, au plus fort d'une course, de s'appuyer encore sur le dos des doigts, à la façon des chimpanzés. Leur corps est couvert de poils, mais je dois dire que l'aspect en est troublant, surtout celui des femelles. Elles sont plus fines que les mâles, ont les bras moins longs, de vraies hanches et une poitrine très féminine. Le poil est court et velouté, un peu comme celui des taupes. Tout cela leur confère une apparence gracieuse et délicate – attendrissante, presque sensuelle ; mais le visage est terrible.

1 Nécropole : vaste cimetière souterrain ou à ciel ouvert.

Photo James Balog.

Car il est nu, comme celui des humains. Mais presque aussi écrasé que celui des singes. Le front est bas et fuyant, l'arcade sourcilière énorme, le nez quasi absent, la bouche prognathe[2] comme celle des nègres[3], mais sans lèvres comme celles des gorilles, avec des dents puissantes, et des canines comme des crocs. Les mâles portent une sorte de barbe en collier qui les fait ressembler aux vieux matelots d'antan. Les femelles, une crinière soyeuse qui leur retombe sur les yeux. Elles sont très douces, et ne demandent qu'à être apprivoisées. Les mâles sont d'humeur instable, le plus souvent paisibles, pacifiques, mais sujets à des colères imprévisibles qui obligent à quelque prudence.

Vous voyez que je parle de singes – mâles et femelles. Pourtant, la tentation est grande de parler d'eux en êtres humains – puisqu'ils taillent la pierre, font du feu, enterrent leurs morts, et même communiquent entre eux par une espèce de langage (un petit nombre de cris articulés, que Pop évalue à une centaine).

Voilà où nous en sommes. Pour le moment, la question reste en l'air de savoir comment les nommer. Greame, Kreps et [Sybil] ont tranché provisoirement la question en les désignant familièrement entre eux sous le nom de *tropis* (sans doute parce que c'est une contraction d'*anthrope* et de *pithèque*). [...] Mais il est bien entendu dans mon esprit que c'est « en attendant ». Il faudra bien que l'on décide un jour si ce sont des singes ou des hommes. [...]

2 Prognathe : proéminent.
3 Vocabulaire daté, sans connotation péjorative.

Plus tard, Greame répond à l'objection d'un avocat.

– [...] Le dernier des bergers des Savanes saurait reconnaître un homme à première vue ! Même un idiot goitreux du Bullarook le saurait. Si le tropi n'est pas visiblement un homme, c'est donc un singe !

Test d'apprentissage d'un langage avec un chimpanzé. Photo Ferorelli.

Greame poussa un soupir.
– Voyez-vous, dit-il d'un ton plus ferme, cela pouvait nous paraître ainsi jusqu'à ce jour. Et en effet, entre... entre un citoyen britannique et un... euh... et le négrito[4] le plus sauvage, la distance biologique est tellement moindre qu'entre un négrito et le chimpanzé, que cela permettait à votre berger goitreux de... de distinguer *grosso modo* un singe d'un être humain aussi bien qu'un anthropologue. Mais inversement (continuait-il, à la surprise de tous, d'une voix soudain volubile), inversement il s'ensuit qu'un anthropologue, de son côté, ne mettait pas à les distinguer beaucoup plus de pénétration. Pourquoi se contentait-il de cette connaissance simpliste ? C'est que la chance lui souriait. La chance qui a fait s'éteindre depuis cinq cent mille ans toutes les espèces intermédiaires. Ainsi notre esprit vivait-il dans une tranquillité trompeuse. De ce point de vue-là, dit-il d'un ton légèrement piteux, la survivance de ces tropis est une catastrophe. Elle nous pose d'urgence une question que nous pouvions toujours éviter paresseusement. A savoir de délimiter, de façon indiscutable et précise, les caractères spécifiques de ce que nous appelons l'Homme. Rien ne pressait – continuait-il d'une voix sarcastique que ses amis surpris ne lui connaissaient pas – : qui eût pu se tromper ? Et même nous nous flattions ainsi de rester dans les frontières rationnelles de la science. Surtout, proclamions-nous, ne débordons pas notre domaine ! Gardons-nous du sentiment, des chausse-trappes de la psychologie, des imprécisions de l'éthique ! Ne mélangeons pas les torchons avec les serviettes !

Il soupira encore.
– Nous nous gargarisions de notre ignorance parce que l'espèce humaine était si bien tranchée, si bien détachée du reste du règne animal, que même un berger goitreux ne s'y trompait pas. Si l'on vous donne de l'eau très « chaude », de l'eau très « froide », vous ne pouvez pas non plus hésiter. Mais de l'eau tiède ? Comment l'appellerez-vous, à moins de vous être mis d'accord au préalable sur le nombre exact de degrés qu'il faut à l'eau pour être « chaude » ? C'est ce qui nous arrive aujourd'hui. Entre l'homme et le chimpanzé, on ne peut hésiter. Mais entre le chimpanzé et le Plésianthrope, entre celui-ci et le Sinanthrope, entre le Sinanthrope et le tropi, entre le tropi et l'homme de Neandertal, entre l'homme de Neandertal et le négrito, enfin entre le négrito et vous mon cher Maître– et j'en passe ! – la distance chaque fois est à peu près la même. Alors, si vous pouvez nous dire où finit le singe, où commence l'homme, vous nous rendrez un fier service !

4 Peuplades pygmées, très primitives, des îles Philippines et de l'Indonésie. Le terme n'a aucune connotation péjorative chez Vercors.

De l'intelligence de la bête à celle de l'homme. Le point de vue du professeur Rampole résumé par Sir Arthur.

– En comparant l'intelligence de l'homme et de la bête [...], le professeur Rampole nous a en somme moins parlé de quantité que de qualité. Il a même précisé qu'il en va toujours ainsi dans la nature : une petite différence de quantité peut provoquer une mutation brusque, un changement total de qualité. Par exemple, si l'on chauffe de l'eau, on peut lui ajouter des quantités de calories sans qu'elle change d'état. Et puis, à un certain moment, un seul degré suffit pour qu'elle passe de l'état liquide à l'état gazeux. N'est-ce pas ce qui s'est passé pour l'intelligence de nos ancêtres ? Un petit supplément de quantité dans les liaisons cérébrales – peut-être même insignifiant – lui a fait faire un de ces sauts qui a déterminé un changement total de qualité. [...] Le professeur Rampole [...] a précisé ce changement de qualité : la différence entre l'intelligence de l'homme de Neandertal et celle d'un grand singe ne devait pas être bien grande en quantité. Mais elle a dû être énorme dans leur rapport avec la nature : l'animal a continué de la subir. L'homme a brusquement commencé de l'interroger. [...] Or, pour interroger, il faut être deux : celui qui interroge, celui qu'on interroge. Confondu avec la nature, l'animal ne peut l'interroger. Voilà, il me semble, le point que nous cherchons. L'animal fait *un* avec la nature. L'homme fait *deux*. Pour passer de l'inconscience passive à la conscience interrogative, il a fallu ce schisme, ce divorce, il a fallu cet arrachement. N'est-ce point la frontière justement ? Animal avant l'arrachement, homme après lui ? Des animaux dénaturés, voilà ce que nous sommes.

Quelques secondes passèrent avant qu'on entendît le colonel Strang murmurer :
– Ce n'est pas sot. Ça explique la pédérastie.
– Ça explique, dit Sir Arthur, que l'animal n'ait pas besoin de fables ni d'amulettes : il ignore sa propre ignorance. Tandis que l'esprit de l'homme, arraché, isolé de la nature, comment ne serait-il pas à l'instant plongé dans la nuit et dans l'épouvante ? Il se voit seul, abandonné, mortel, ignorant tout – unique animal sur terre « qui ne sait qu'une chose, c'est qu'il ne sait rien » –, pas même ce qu'il est. Comment n'inventerait-il pas aussitôt des mythes : des dieux ou des esprits en réponse à cette ignorance, des fétiches et des gris-gris en réponse à cette impuissance ? N'est-ce pas l'absence même, chez l'animal, de ces inventions aberrantes qui nous prouve l'absence aussi de ces interrogations terrifiées ?

On le regarda sans rien dire.
– Mais alors, si ce qui a fait la personne – la personne consciente, et son histoire – est bien cet arrachement, cette indépendance, cette lutte, cette ait sauté ce pas douloureux ; à quoi, à quel signe enfin reconnaîtra-t-on qu'elle l'a fait ?

On ne répondit pas.

Vercors, *Les Animaux dénaturés,* Albin Michel.

questions

1. Pourquoi l'espèce intermédiaire entre l'homme et l'animal est-elle baptisée *tropi* ?
2. Quels sont les signes d'humanité que montrent ces tropis et que les autres animaux n'ont pas ?
3. Quel est le point de vue exposé par Greame ?
4. Quel est le point de vue exposé par le professeur Rampole ?
5. Si vous étiez chargé (e) de proposer des signes caractéristiques de l'être humain, en vue de faire une loi qui distinguerait un humain d'un non-humain, quels critères proposeriez-vous ?

Arguments pour une étude de cas

en vue d'une lecture, d'une dissertation, d'un dossier ou d'un débat

1. Le statut social de la femme et celui de l'homme sont-ils fixés par leur nature biologique ?

les faits

Les femmes sont très loin d'avoir les mêmes droits et d'occuper les mêmes postes que les hommes. En principe, l'égalité en droits et en dignité entre les femmes et les hommes est reconnue et le débat est clos. Mais la loi ne suffit pas à changer les rapports entre les deux moitiés de l'humanité.

le problème philosophique

Comment démêler ce qui est naturel et ce qui est culturel dans le statut de la femme et de l'homme ?

Femmes et hommes sont-ils différents par nature ou parce que la société a privilégié les hommes au détriment des femmes ?
Sont-ils voués par leur appartenance sexuelle à des tâches et à des rôles sociaux différents ? Ont-ils, pour des raisons physiologiques, des aptitudes physiques, nerveuses, intellectuelles, artistiques différentes ? L'égalité sociale suppose-t-elle l'absence de différences ?

les arguments en présence

Thèse A. La culture prime sur le biologique.

Chaque société fixe les rôles, différemment selon les civilisations, et les fait passer pour naturels. « On ne naît pas femme, on le devient », car ce n'est pas la nature qui fixe le statut des femmes dans la société, mais c'est la société qui impose ses modèles culturels masculins et féminins.

1 Le garçon manqué. – La petite fille qui joue à la poupée, le garçon qui ne pleure pas comme une fille, la fille atypique qui est traitée de garçon manqué sont des modèles culturels.
2 Les preuves de l'égalité. – Dans tous les domaines, des femmes ont fait la preuve de leur excellence sur le terrain habituel des hommes. Jeanne d'Arc est autant un génie politique et un chef de guerre que De Gaulle.
3 Le vocabulaire. – En privilégiant le masculin pour les rôles de prestige et de pouvoir, le vocabulaire les fait passer pour naturellement masculins. Par exemple, comment dire « grand homme » ou « chef d'État » au féminin ?
4 Différence inférieure. – La thèse « différentialiste » a conduit à inférioriser les femmes, les a reléguées aux fonctions maternelles et domestiques.

Thèse B. Les données organiques priment sur la culture.

Les femmes sont différentes en toute chose parce que leur corps a une autre organisation et une autre destination, ce qui entraîne des comportements culturels différents et un autre type d'acccomplissement.

1 Indéniables différences. – Les différences biologiques et psychologiques sont scientifiquement établies et indéniables. Les rythmes de croissance, les centres d'intérêt, les performances physiques ne sont pas statistiquement les mêmes chez les garçons et les filles.
2 L'horizon de la maternité. – Étant de futures mères, les filles sont dans leur corps et leur psychisme du côté de la protection, de la sensibilité, plus à l'écoute des émotions et des sensations que les garçons.
3 Les rôles masculin et féminin. – Un enfant a besoin d'une mère et d'un père assumant des rôles différents.
4 La faiblesse séductrice. – Dans le jeu de la séduction qui traverse l'ensemble des relations sociales entre femmes et hommes, il est naturel qu'elles « jouent » de leur faiblesse relative, car le rapport de désir suppose des rôles spécifiques.
5 Chacun ses cartes. – Les femmes n'ont pas obligatoirement tout à gagner à entrer en compétition sur le même terrain et avec les mêmes moyens que les hommes. Assumer et jouer de la différence sexuelle peut être un gage d'épanouissement personnel et de réussite sociale, à égalité de droits et de dignité.

2. Les inégalités sociales ont-elles une origine naturelle ou sociale ?

les faits ■

L'inégalité sociale règne depuis toujours parmi les hommes : inégalité de richesses, de pouvoir et de prestige. Aujourd'hui, l'accès au pouvoir est de plus en plus déterminé par l'intelligence de l'individu. Les sociétés démocratiques essaient de donner à chacun des chances égales de réussir dans la vie, en particulier par le moyen des études obligatoires. Pourtant, les inégalités persistent.

le problème philosophique ■

La réussite sociale inégale des individus est-elle explicable par des différences génétiques ou sociales ?

Peut-on prouver que la différence d'aptitudes et de motivations que l'on constate à l'école est plutôt innée et biologique, ou plutôt acquise et due à des facteurs d'environnement social et culturel ?

les arguments en présence ■

Thèse A. Les dons de chacun sont innés.

Les chances étant égales pour tous, ceux qui réussissent moins bien que les autres sont simplement moins armés par nature. Il ne sert donc à rien de pousser les moins doués à viser plus haut que leurs aptitudes et que leurs ambitions, ni de crier à l'injustice, puisque la nature a adapté les individus aux différentes tâches de la vie sociale.

1 Le caractère. – A la naissance, chaque être humain possède son caractère et son tempérament.
2 Les jumeaux. – Certains affirment que des jumeaux séparés et plongés dans des milieux différents réussissent identiquement.
3 Les dons. – Être brillant en maths ou en création artistique, par exemple, est une question de dons.
4 L'ambition. – Par caractère, tout le monde ne veut pas grimper socialement car il ne se sent pas fait pour commander et pour s'angoisser.
5 L'école est la même. – Les élèves bénéficient du même enseignement ; leurs résultats scolaires inégaux sont donc relatifs à leurs aptitudes inégales.

Thèse B. Le milieu affectif, social et culturel est déterminant.

Il est prouvé statistiquement que les milieux socio-culturels se reproduisent car ils transmettent en même temps leurs moyens, leurs ambitions et leurs limites. Quelles que soient les prédispositions génétiques individuelles, leur épanouissement dépend du milieu social et de l'histoire de chaque individu.

1 La motivation du milieu. – Les dons sont égaux au départ, mais ils sont favorisés ou inhibés selon le milieu ambiant.
2 L'incitation du milieu. – Les enfants sont souvent « doués » dans le domaine où leurs parents ont réussi : le père de Mozart était professeur de musique, le père de Picasso était professeur de dessin.
3 L'imitation. – Les enfants suivent des modèles parentaux par identification et imitation, et non par hérédité biologique.
4 L'héritage. – Le milieu d'origine transmet ou ignore les règles du jeu et les codes, à commencer par l'usage de la langue et le goût pour l'art.
5 Dans les deux sens. – Un milieu d'origine modeste peut insuffler des ambitions à ses enfants et, inversement, un modèle trop exigeant peut provoquer une réaction de rejet.
6 Les ambitions et les moyens. – Le milieu d'origine transmet en même temps les moyens, les ambitions et les limites, selon ce qui y est valorisé.

3. Y a-t-il plusieurs espèces d'hommes ?

les faits

L'universalisme des Droits de l'homme a prétendu défendre des droits identiques partout dans le monde. Mais il a facilité la colonisation et la destruction de modes de vie et de civilisations jugés indignes d'une certaine idée de l'homme, la-nôtre. C'est l'appartenance à une culture qui rend humain. Or les cultures divergent par les langues, les mœurs, les goûts, les idéaux.

le problème philosophique

Faut-il renoncer à l'universalisme des Droits de l'homme et laisser les différentes civilisations être humaines chacune à sa façon ?

les arguments en présence

Thèse A. Tout est relatif.

Ne nous ingérons pas ; ce qui nous choque chez les autres ne nous regarde pas et a autant de valeur que nos mœurs. Il n'y a pas un modèle unique d'homme ! A chaque fois qu'on veut faire bénéficier les autres peuples de nos progrès, on ignore leur identité.

Thèse B. Tout varie sauf les Droits de l'homme.

L'universalisme se contente de dire que tout être humain a droit au respect, a le droit de penser, de parler, de voyager, de choisir sa vie, etc. Son fondement « naturel » est qu'il n'y a qu'une espèce humaine parce que tous les hommes parlent une langue, pensent, aiment, vivent dans une civilisation. La différence entre les cultures est la richesse de l'espèce humaine unique.

4. Devrions-nous renoncer aux besoins artificiels ?

les faits

La consommation est entraînée par la création incessante de besoins nouveaux, eux-mêmes suscités par l'offre d'objets nouveaux. Ne sommes-nous pas fascinés par des choses dont nous pourrions nous passer, et pour lesquelles nous travaillons au lieu de disposer de notre vie en nous satisfaisant du nécessaire ?

le problème philosophique

L'essence humaine est-elle biologique et naturelle, ou l'homme est-il fait par une culture, une histoire, une société, dont ses besoins dérivent ?

les arguments en présence

Thèse A. Tenons-nous en à nos besoins nécessaires et naturels.

Nous avons dix fois plus de biens de consommation que n'en rêvaient nos aïeux ; pourquoi ne pas nous en satisfaire et arrêter le cycle infernal production/consommation ? Le vrai bonheur, n'est pas de posséder de plus en plus de choses mais d'être bien avec soi et les autres.

Thèse B. L'homme est humain par ses besoins artificiels.

L'homme ne serait pas humain s'il se contentait de survivre. Il est un être historique et culturel, ses besoins en découlent. La vie humaine n'est pas purement intérieure, elle passe par les objets et les plaisirs inventés par l'homme. Le luxe, le superflu, sont des signes d'humanité.

■ DEUXIÈME ÉTUDE DE TEXTE ■

Merleau-Ponty 1945

L'usage qu'un homme fera de son corps est transcendant[1] à l'égard de ce corps comme être simplement biologique. Il n'est pas plus naturel ou pas moins conventionnel[2] de crier dans la colère ou d'embrasser dans l'amour que d'appeler table une table. Les sentiments et les conduites passionnelles sont inventés comme les mots. Même ceux qui, comme la paternité, paraissent inscrits dans le corps humain sont en réalité des institutions[3]. Il est impossible de superposer chez l'homme une première couche de comportements que l'on appellerait « naturels » et un monde culturel ou spirituel fabriqué. Tout est fabriqué et tout est naturel chez l'homme, comme on voudra dire, en ce sens qu'il n'est pas un mot, pas une conduite qui ne doive quelque chose à l'être simplement biologique – et qui en même temps ne se dérobe à la simplicité de la vie animale, ne détourne de leur sens les conduites vitales, par une sorte d'échappement et par un génie de l'équivoque[4] qui pourraient servir à définir l'homme.

Maurice Merleau-Ponty, *Phénoménologie de la perception,*
Gallimard, 1945, pp. 220-221.

1 Transcendant : mot à mot, ce qui va au-delà, ce qui se situe sur un autre plan.

2 Conventionnel : établi par accord entre les hommes.

3 Institutions : réalités non naturelles établies par la société.

4 Équivoque : ce qui n'a pas un sens simple, unique et homogène, mais des significations différentes.

lire le texte ■

L'usage qu'un homme fera de son corps est transcendant à l'égard de ce corps comme être simplement biologique.

1 Quelle différence voyez-vous entre *l'usage du corps* et *le corps* dans cette phrase ?

Il n'est pas plus naturel ou pas moins conventionnel de crier dans la colère ou d'embrasser dans l'amour que d'appeler table une table.

2 Indiquez un geste naturel et invariable ; indiquez un geste conventionnel.

3 *Crier dans la colère* et *embrasser dans l'amour* n'ont-ils rien de plus naturel que le choix du mot *table* en français ?

Même ceux qui, comme la paternité, paraissent inscrits dans le corps humain sont en réalité des institutions.

4 Quel autre mot que « père » désigne la paternité biologique? En quoi la paternité peut-elle être autre que biologique ?

trouver la problématique ■

5 Si les sentiments et les conduites liés à la paternité et à la maternité sont des conventions humaines, peut-on parler de parents « indignes » ou « dénaturés » ?

Il est impossible de superposer chez l'homme une première couche de comportements que l'on appellerait « naturels » et un monde culturel ou spirituel fabriqué.

6 Ce passage rejette une image très courante de l'homme ; formulez-la en d'autres termes.

7 Selon le texte, quels termes pourraient qualifier le rapport entre le naturel et le culturel en l'homme ?

Tout est fabriqué et tout est naturel chez l'homme, comme on voudra dire, en ce sens qu'il n'est pas un mot, pas une conduite qui ne doive quelque chose à l'être simplement biologique – et qui en même temps ne se dérobe à la simplicité de la vie animale, ne détourne de leur sens les conduites vitales [...].

8 D'après le passage cité, ne peut-on plus démêler aujourd'hui ce qui en nous est d'origine naturelle et ce qui vient de notre culture ?

9 N'y a-t-il rien en nous qui soit totalement indépendant du corps ?

10 Qu'y a-t-il de troublant dans le choix des termes suivants pour une définition de l'homme : *se dérobe à la simplicité de la vie animale, détourne de leur sens les conduites vitales, échappement, équivoque* ?

■ TROISIÈME ÉTUDE DE TEXTE ■

Kant
1794

L'homme a un penchant *à s'associer*, car dans un tel état, il se sent plus qu'homme par le développement de ses dispositions naturelles. Mais il manifeste aussi une grande propension *à se détacher* (s'isoler), car il trouve en même temps en lui le caractère d'insociabilité qui le pousse à vouloir tout diriger dans son sens ; et, de ce fait, il s'attend à rencontrer des résistances de tous côtés, de même qu'il se sait par lui-même enclin à résister aux autres. C'est cette résistance qui éveille toutes les forces de l'homme, le porte à surmonter son inclination à la paresse, et, sous l'impulsion de l'ambition, de l'instinct de domination ou de cupidité, à se frayer une place parmi ses compagnons qu'il supporte de mauvais gré mais dont il ne peut se passer. [...] Sans ces qualités[1] d'insociabilité, peu sympathiques certes par elles-mêmes, [...] tous les talents resteraient à jamais enfouis en germes, au milieu d'une existence de bergers d'Arcadie[2], dans une concorde, une satisfaction, et un amour mutuels parfaits ; les hommes, doux comme les agneaux qu'ils font paître, ne donneraient à l'existence guère plus de valeur que n'en a leur troupeau domestique [...].

Emmanuel Kant, *Idée d'une histoire universelle au point de vue cosmopolitique*, trad. Piobetta, dans Kant, *La Philosophie de l'histoire*, Aubier, 1947, pp. 64-65.

1 Qualités : ce qui qualifie, en bien ou en mal.
2 Arcadie : contrée de l'ancienne Grèce habitée par des pasteurs, et dont les poètes ont fait le lieu par excellence de l'innocence et du bonheur.

lire le texte ■

L'homme a un penchant à s'associer, *car dans un tel état, il se sent plus qu'homme par le développement de ses dispositions naturelles.*

1 D'après cette phrase, quel intérêt pousse l'homme à s'associer à d'autres hommes ?

Mais il manifeste aussi une grande propension à se détacher *(s'isoler), car il trouve en même temps en lui le caractère d'insociabilité qui le pousse à vouloir tout diriger dans son sens [...].*

2 Quelle est la raison, selon la phrase citée, qui pousse tout individu à se détacher des autres hommes ?

C'est cette résistance qui éveille toutes les forces de l'homme, le porte à surmonter son inclination à la paresse, et, sous l'impulsion de l'ambition, de l'instinct de domination ou de cupidité, à se frayer une place parmi ses compagnons qu'il supporte de mauvais gré mais dont il ne peut se passer.

3 Quels sont les ressorts de la réussite sociale d'après ce passage ?

Sans ces qualités d'insociabilité, peu sympathiques certes par elles-mêmes, [...] les talents resteraient à jamais enfouis en germes [...].

4 Cette phrase est-elle un éloge cynique, une condamnation, un simple constat ou un jugement amoral ?

[...] au milieu d'une existence de bergers d'Arcadie, dans une concorde, une satisfaction, et un amour mutuels parfaits ; les hommes, doux comme les agneaux qu'ils font paître [...]

5 Quel autre lieu que l'Arcadie est suggéré dans ce passage ?

trouver la problématique ■

[...] les hommes, doux comme les agneaux qu'ils font paître, ne donneraient à l'existence guère plus de valeur que n'en a leur troupeau domestique [...].

6 Pourquoi l'état décrit ci-dessus enlèverait-il toute valeur à l'existence humaine ?

7 Les défauts des hommes apparaissent-ils dans ce texte comme dépassables ?
8 En quel sens le texte s'oppose-t-il à une vision optimiste de la nature humaine ?
9 En quel sens le texte s'oppose-t-il à une vision pessimiste de l'histoire humaine ?
10 Les réponses que vous avez données aux questions 8 et 9 sont-elles compatibles ?

Tapis roulant en caoutchouc. Prod. Cigo.

Le projet moderne : maîtriser la nature

Le monde moderne, caractérisé depuis près de cinq siècles par l'essor continu des sciences et des techniques, a modifié de fond en comble notre conception de la nature. Il a imposé une rupture avec le respect quasi religieux que les Anciens et les hommes du Moyen Age avaient pour la nature. Cette rupture est consommée au XVIIe siècle avec la philosophie de Descartes.

Toute la nature n'est pour lui qu'un immense mécanisme et doit pouvoir s'expliquer rationnellement sans l'aide d'aucune puissance vitale mystérieuse, qu'il s'agisse de la croissance des végétaux, du mouvement des astres ou de la circulation du sang dans les artères. L'homme peut donc, à partir des informations que la science lui fournit, connaître les ressorts de la vie, et agir avec la nature comme un bon ingénieur le fait avec ses pièces et ses outils. Rien ne l'empêche alors de se comporter comme le possesseur de la nature et d'en user à sa guise, dès lors qu'il peut la forcer à lui obéir comme à un maître.

C'est dans le *Discours de la méthode* (texte 3 p. 47) que Descartes expose les raisons de son optimisme au sujet de la science et de la technique. Il attend en particulier de la médecine qu'elle triomphe des maladies physiques et mentales, des maux de la vieillesse, et même qu'elle nous rende moralement plus sages, en nous débarrassant des mauvaises humeurs et passions produites par les troubles corporels.

On ne se rend pas toujours compte que la civilisation scientifique et technique annoncée et justifiée par la philosophie de Descartes n'est devenue que très récemment notre horizon familier. Les bénéfices que nous en tirons sur le plan médical, par exemple, datent pour l'essentiel d'il y a cinquante ans seulement, avec l'invention des sulfamides puis des antibiotiques. Il faut s'en souvenir pour sentir l'audace de ce *Discours de la méthode* que Descartes a écrit à une époque où, comme on le voit dans les comédies de Molière, il suffisait presque pour être médecin de parler latin et de prescrire lavements et saignées, puisqu'on ne pouvait alors faire plus que soulager le malade en espérant que la nature ferait le reste.

Des textes comme celui de Descartes ou le *Novum Organum* (texte 4 p. 47) de l'Anglais Bacon ont opéré une révolution dans les mentalités, et ont ouvert la voie à la civilisation moderne, scientifique et technique. On s'est pris à espérer que les progrès techniques pouvaient libérer l'homme de la fatalité, et de tous les malheurs du monde, à commencer par le travail pénible et dégradant. Dans l'Antiquité, Aristote avait en effet expliqué qu'il n'y aurait pas besoin d'esclaves si les tâches d'exécution pouvaient être accomplies par des automates (texte 2 p. 46). L'apparition et l'essor du machinisme au XIXe siècle (texte 6 p. 48), puis les progrès de la productivité et de l'automation semblent mettre à portée de notre main ce qui avait longtemps passé pour utopique : faire disparaître le travail ingrat et, du coup, abolir la condition servile de ceux qui en étaient chargés.

Les effets inhumains de la rationalité technique

Pourtant, le XXe siècle s'est retourné contre l'optimisme inconditionnel des siècles précédents vis-à-vis du progrès technique.
D'une part, lors de la seconde guerre mondiale, la technique a servi les pires folies exterminatrices. Elle semble même parfaitement adaptée aux crimes de masse commis de façon rationnelle et impersonnelle par des administrations étatiques.
D'autre part, même en temps normal, la volonté de dominer la nature et les animaux s'est appliquée progressivement aux rapports humains, aboutissant à un monde où l'on gère et traite les hommes comme des choses, techniquement, c'est-à-dire en fonction de leur utilité et non de leur valeur (texte 7 p. 49). Cette critique de la raison techniciste, développée par Marcuse, a inspiré en mai 1968 la contestation de la société capitaliste, accusée de sacrifier la vie à la production et à la consommation et d'imposer partout des rapports d'instrumentalisation et de domination entre les hommes (texte 8 p. 49).
Nous en sommes encore à nous demander si la logique de la technique tend à nous déshumaniser, ou si nous sommes redevables aux progrès de la technique d'avoir entraîné dans les pays développés un progrès de la raison sur l'intolérance et du droit contre la violence, c'est-à-dire un progrès des dimensions essentielles de l'humanisme.

Super cocotte minute SEB, années cinquante.

La confiance aveugle dans les bienfaits de la technique apparaît aujourd'hui bien naïve quand on mesure le prix du progrès – déséquilibres écologiques de la planète, risques d'un contrôle abusif exercé par l'État sur les individus, crise de l'emploi, formes aventureuses de la procréation artificielle, changement trop rapide des modes de vie par rapport à l'évolution des mentalités, toutes choses qui entraînent un sentiment de déracinement.
Aujourd'hui certains écologistes regrettent même qu'on ait transformé la planète, et proclament qu'il faut d'urgence apprendre à la traiter comme une personne ayant des droits. Dans le désarroi où nous laissent parfois les nouvelles possibilités offertes par la technique, serait-il plus sage de nous retourner vers la nature et de la prendre pour modèle ?
Mais, s'agissant des nouvelles possibilités techniques ouvertes dans le domaine de la procréation, est-ce bien à la nature de dicter à l'homme sa conduite ? La nature ne se soucie ni du bien ni du mal, qui par définition relèvent de choix humains. La nature ne connaît d'autre principe que la réussite, et souvent par la loi du plus fort

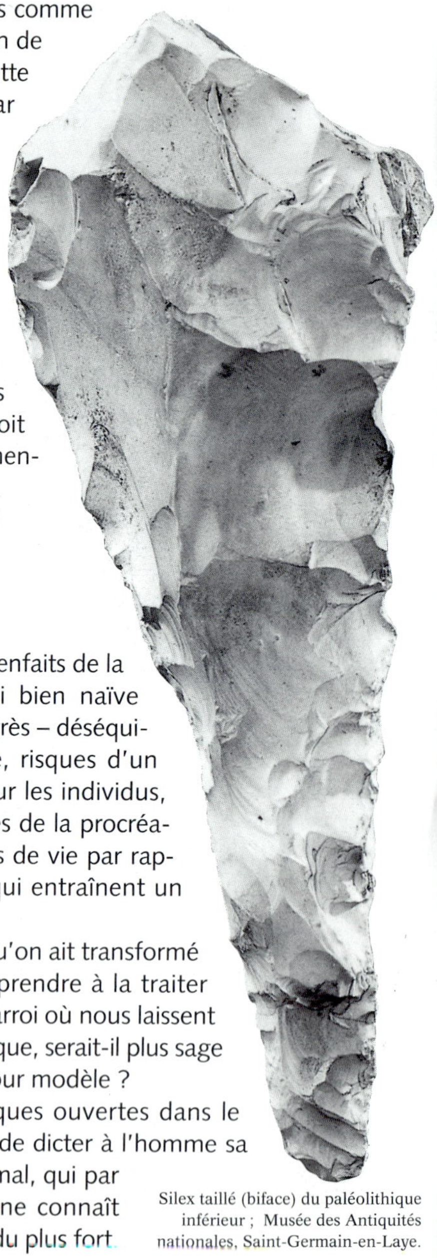

Silex taillé (biface) du paléolithique inférieur ; Musée des Antiquités nationales, Saint-Germain-en-Laye.

Quant à l'idée d'arrêter le progrès, elle est tout aussi illusoire que celle d'un progrès sans risque. Car, au-delà des rejets qu'ont toujours inspirés les innovations qui bouleversent les mœurs, c'est bien pour une part essentielle à travers le progrès technique que l'homme continue de s'inventer, en changeant indéfiniment ses modes de travail et de vie (texte 5 p. 48).

La responsabilité de l'homme : maîtriser sa maîtrise

Avec le progrès technique, l'humanité est sortie de son impuissance matérielle. Il lui reste encore et toujours à se montrer responsable, à maîtriser les pouvoirs qu'elle se donne, à les soumettre aux exigences morales de l'homme (texte 9 p. 50). Toute innovation qui modifie les références essentielles de notre existence doit nécessairement donner lieu à de nouvelles règles de droit définissant le permis et l'interdit. Ces nouvelles règles peuvent conduire la société à une réflexion collective sur les valeurs fondamentales et traditionnelles de la civilisation, tel le respect absolu de toute forme de vie humaine. Si cette réflexion donne lieu à des débats de société, si elle met le choix des valeurs au centre de la vie sociale, le progrès technique sera cause d'un immense progrès de la civilisation. Sans cela, nous serions entraînés à l'aveuglette par le progrès technique vers un mode de vie qui nous laisserait intimement et gravement désorientés.

Puisque la technique nous incite à réaliser tous nos désirs, y compris les plus fous, nous ne devons pas oublier que nous sommes humains – c'est-à-dire des êtres vivants et mortels, libres et civilisés – par l'acceptation de nos limites naturelles et par la création de nos limites morales.

Bogaert, *Prodiges*, 1978 (huile, 73 × 60 cm) ; coll. part.

Les idées dans le texte

TEXTE 1 — PLATON, 368 AV. J.-C.

La signification ambiguë du mythe de Prométhée

Le mythe de Prométhée est un récit à interpréter. Il nous dit l'espoir et la crainte que suscite le progrès par lequel l'homme défie l'ordre naturel imposé par les dieux.

Il fut jadis un temps où les dieux existaient, mais non les espèces mortelles. Quand le temps que le destin avait assigné à leur création fut venu, les dieux les façonnèrent dans les entrailles de la terre d'un mélange de terre et de feu et des éléments qui s'allient au feu et à la terre. Quand le moment de les amener à la lumière approcha, ils chargèrent Prométhée et Épiméthée de les pourvoir et d'attribuer à chacun des qualités appropriées. Mais Épiméthée demanda à Prométhée de lui laisser faire seul le partage. « Quand je l'aurai fini, dit-il, tu viendras l'examiner. » Sa demande accordée, il fit le partage, et, en le faisant, il attribua aux uns la force sans la vitesse, aux autres la vitesse sans la force ; il donna des armes à ceux-ci, les refusa à ceux-là, mais il imagina pour eux d'autres moyens de conservation [...]. Ces mesures de précaution étaient destinées à prévenir la disparition des races. [...]
Cependant Épiméthée, qui n'était pas très réfléchi, avait, sans y prendre garde, dépensé pour les animaux toutes les facultés dont il disposait et il lui restait la race humaine à pourvoir, et il ne savait que faire. Dans cet embarras, Prométhée vient pour examiner le partage ; il voit les animaux bien pourvus, mais l'homme nu, sans chaussures, ni couverture, ni armes, et le jour fixé approchait où il fallait l'amener du sein de la terre à la lumière. Alors Prométhée, ne sachant qu'imaginer pour donner à l'homme le moyen de se conserver, vole à Héphaïstos et à Athéna la connaissance des arts avec le feu ; car, sans le feu, la connaissance des arts était impossible et inutile ; et il en fait présent à l'homme. L'homme eut ainsi la science propre à conserver sa vie ; mais il n'avait pas la science politique[1] ; celle-ci se trouvait chez Zeus, et Prométhée n'avait plus le temps de pénétrer dans l'acropole que Zeus habite et où veillent d'ailleurs des gardes redoutables.

Platon, *Protagoras*, trad. E. Chambry, Garnier-Flammarion, 1967, pp. 52-53.

1 La science politique : le savoir nécessaire à la vie en société.

TEXTE 2 — ARISTOTE, 385-322 AV. J.-C.

La technique et l'émancipation sociale

Grâce au progrès des machines, n'y aura-t-il plus d'hommes subordonnés à d'autres hommes ?

Si donc il était possible à chaque instrument parce qu'il en aurait reçu l'ordre ou par simple pressentiment de mener à bien son œuvre propre, [...] si, de même, les navettes tissaient d'elles-mêmes et les plectres[1] jouaient tout seuls de la cithare, alors les ingénieurs n'auraient pas besoin d'exécutants ni les maîtres d'esclaves.

Aristote, *Les Politiques*, trad P. Pellegrin, Garnier-Flammarion, 1990, p. 97.

1 Plectres : lamelles qui servent à toucher les cordes.

■ TEXTE 3 ■ DESCARTES, 1637

Toutes les promesses de la technique

La technique peut-elle vraiment tout nous apporter : le confort, la santé et même la sagesse ?

[...] il est possible de parvenir à des connaissances qui soient fort utiles à la vie, et [...] au lieu de cette philosophie spéculative[1] [...] qu'on enseigne dans les écoles, on en peut trouver une pratique, par laquelle connaissant la force et les actions du feu, de l'eau, de l'air, des astres, des cieux et de tous les autres corps qui nous environnent, aussi distinctement que nous connaissons les divers métiers de nos artisans, nous les[2] pourrions employer en même façon[3] à tous les usages auxquels ils sont propres, et ainsi nous rendre comme maîtres et possesseurs de la nature. Ce qui n'est pas seulement à désirer pour l'invention d'une infinité d'artifices[4] qui feraient qu'on jouirait, sans aucune peine, des fruits de la terre et de toutes les commodités qui s'y trouvent, mais principalement aussi pour la conservation de la santé, laquelle est sans doute le premier bien et le fondement de tous les autres biens de cette vie ; car même l'esprit dépend si fort du tempérament, et de la disposition des organes du corps, que, s'il est possible de trouver quelque moyen qui rende communément les hommes plus sages et plus habiles qu'ils n'ont été jusques ici, je crois que c'est dans la médecine qu'on doit le chercher.

1 Philosophie spéculative : philosophie enseignée depuis le Moyen Age, qui privilégiait la spéculation, c'est-à-dire une activité purement théorique.

2 Les : la force et les actions.

3 En même façon : de la même façon que les artisans.

4 Artifices : art d'obtenir ce que la nature ne nous offre pas.

René Descartes, *Discours de la méthode,* sixième partie, dans *Œuvres philosophiques,* Garnier, 1988, t. I, pp. 634-635.

La Vis aérienne, dessin de Léonard de Vinci (1452-1519), Bibliothèque de l'Institut, Paris.

■ TEXTE 4 ■ BACON, 1620

Science, technique et puissance humaine

La connaissance scientifique de la nature répond-elle à une curiosité désintéressée ou y a-t-il correspondance entre savoir et pouvoir ?

[...] s'il se trouve un mortel qui n'ait d'autre ambition que celle d'étendre l'empire et la puissance du genre humain tout entier sur l'immensité des choses, cette ambition (si toutefois on doit lui donner ce nom), on conviendra qu'elle est plus pure, plus noble et plus auguste que toutes les autres ; or, l'empire de l'homme sur les choses n'a d'autre base que les arts et les sciences, car on ne commande à la nature qu'en lui obéissant. [...]

La science et la puissance humaine se correspondent dans tous les points et vont au même but ; c'est l'ignorance où nous sommes de la cause qui nous prive de l'effet ; car on ne peut vaincre la nature qu'en lui obéissant ; et ce qui était principe, effet ou cause dans la théorie, devient règle, but ou moyen dans la pratique.

Francis Bacon, *Novum Organum,* trad. M. Malherbe et J.-M. Pousseur, PUF, 1986, p. 91.

■ TEXTE 5 ■ MARX, 1847

L'influence des moyens de production sur la société

Nos mœurs et nos idées sont-elles les mêmes, que nous vivions à l'époque du moulin à bras ou à celle de la machine à vapeur, ou sont-elles déterminées par le niveau de développement technique ?

Les rapports sociaux sont intimement liés aux forces productives. En acquérant de nouvelles forces productives, les hommes changent leur mode de production, et en changeant le mode de production, la manière de gagner leur vie, ils changent tous leurs rapports sociaux. Le moulin à bras vous donnera la société avec le suzerain ; le moulin à vapeur, la société avec le capitaliste industriel.

Les mêmes hommes qui établissent les rapports sociaux conformément à leur productivité matérielle, produisent aussi les principes, les idées, les catégories conformément à leurs rapports sociaux.

Karl Marx, *Misère de la philosophie,* trad. M. Rubel et L. Évrard, dans *Œuvres,* t. I, Gallimard, coll. « Bibliothèque de la Pléiade », 1965, t. I, p. 79.

■ TEXTE 6 ■ MUMFORD, 1934

Le machinisme est né dans les monastères

Quel rapport peut-il bien y avoir entre la vie dans les monastères, le mouvement des horloges et la naissance du machinisme qui devait enfanter le monde moderne ? Est-il possible qu'une invention technique destinée au rituel religieux ait des effets aussi inattendus ?

Le monastère était un lieu sacré et protecteur ; la règle de l'Ordre excluait la surprise, le doute, le caprice et l'irrégularité. [...]

On n'altère donc pas les faits en suggérant que les monastères contribuèrent à donner aux entreprises humaines le rythme régulier et collectif de la machine. La pendule ne garde pas seulement la trace des heures, elle synchronise les actions humaines.

Est-ce à cause du désir de la communauté chrétienne d'assurer aux âmes le salut éternel par des prières et dévotions régulières que la mesure du temps et les habitudes d'ordre temporel – dont la civilisation capitaliste tire profit aujourd'hui – prirent naissance dans l'esprit des hommes ? Il faut sans doute accepter l'ironie de ce paradoxe. En tout cas, vers le XIIIe siècle, des horloges mécaniques sont mentionnées [...]. Désormais, on n'avait plus à craindre les nuages qui paralysent le cadran solaire, le gel qui arrête la clepsydre[1] pendant les nuits d'hiver : été comme hiver, jour et nuit, on entendait le rythme de l'horloge. L'instrument se répandit alors hors des monastères, et la sonnerie régulière des cloches apporta une régularité jusque-là inconnue dans la vie de l'artisan et du marchand. Les cloches de la tour d'horloge commandèrent même la vie urbaine. On mesurait le temps, on le servait, on le comptait, on le rationnait, et l'Éternité cessa progressivement d'être la mesure et le point de convergence des actions humaines.

La machine-clé de l'âge industriel moderne, ce n'est pas la machine à vapeur, c'est l'horloge. Dans chaque phase de son développement, l'horloge est le fait saillant et le symbole de la machine. [...]

Elle a dissocié le temps des événements humains et contribué à la croyance en un monde indépendant, aux séquences mathématiquement mesurables, le monde spécial de la science.

1 Clepsydre : horloge à eau.

Lewis Mumford, *Technique et Civilisation,* trad. D. Moutonnier, Éditions du Seuil, 1950, pp. 22-24.

la grossesse entre le corps de l'enfant et le mien valait bien la relation apportée par l'ovule entre la mère génétique et l'enfant. Pardonne-moi, mais je sais que tu me comprends.

Je me reproche d'avoir laissé passer le temps, d'avoir laissé couler toutes ces années de silence. Mais ma gratitude demeure dans le bonheur de ma vie, le bonheur que m'a donné, que me donne Étienne. Grâce à toi, grâce à notre entente, peut-être allons-nous parvenir à écarter les périls qui menacent ce bonheur, parvenir à créer un autre bonheur. Avec une généreuse lucidité, tu as tenu à me dire que tu n'avais jamais considéré Étienne comme ton fils. Mais il m'a semblé percevoir un sentiment nouveau, le sentiment heureux que te donne le choix d'Hélène. Ce choix qui va te permettre de retrouver Étienne comme gendre.

Ma réflexion est parfois cynique. Nous sommes très loin de l'inceste proprement dit, de l'union d'un frère et d'une sœur. Selon que la vie intra-utérine est tenue pour négligeable ou importante, il s'agit au pis d'un demi-inceste, au mieux d'un quart d'inceste. L'amour, ont dit certains écrivains, est inspiré par des différences et des ressemblances. Peut-être l'amour qui unit Hélène et Étienne est-il fondé sur la différence qui vient de moi, la ressemblance qui vient de toi.

Faut-il dire la vérité à nos enfants ? (Tu vois que je parle de nos enfants plus calmement.) Le silence était tentant et permettait de ne pas les troubler. Il nous a semblé, au long de nos discussions, qu'il convenait de rejeter cette tentation. D'abord parce que le silence était dangereux. A tout moment, dans le cours de leur vie, à propos d'une maladie, d'un bilan biologique, la vérité pouvait surgir. Pernicieuse parce que dissimulée.

Et surtout parce qu'on ne construit pas une alliance, une vie sur le mensonge. Nous allons donc, toi pour Hélène, moi pour Étienne, donner dès les prochains jours des explications précises. En tremblant, car il est difficile de prévoir les mouvements, les réactions que peut susciter une telle révélation. Mais avec espoir, l'espoir que nous donne la connaissance de nos enfants et ce que nous percevons de leur amour.

Nous leur demanderons de considérer tous les aspects de la situation nouvelle (apparemment nouvelle) qui leur est révélée, tantôt chacun de son côté, tantôt ensemble. Nous resterons à leur disposition si tel commentaire, telle information paraissent utiles.

Jean Bernard, « L'Enfant de deux mères », dans
Le Syndrome du colonel Chabert, Buchet/Chastel, 1992, pp. 76-100.

questions

1 Pourquoi faut-il se demander si Étienne et Hélène sont frère et sœur, et leur mariage incestueux ?
2 Quelle est la part de chacune des deux mères dans l'identité d'Étienne ?
3 D'après Juliette, la mère d'Hélène considère-t-elle un peu Étienne comme son fils ?
4 Son don d'ovule est-il assimilable à un abandon d'enfant ?
5 Quelle issue donneriez-vous à cette histoire ?

Arguments pour une étude de cas

en vue d'une lecture, d'une dissertation, d'un dossier ou d'un débat

1. Faut-il interdire le diagnostic sur l'embryon?

les faits

Avec la contraception, les années soixante-dix ont apporté la liberté de ne pas avoir d'enfant si l'on n'en veut pas. Une seconde liberté, c'est de surmonter la stérilité et d'avoir un enfant, grâce aux techniques de fécondation *in vitro*.

Avec le diagnostic préimplantatoire, on peut en outre déceler d'éventuelles anomalies génétiques facteurs de maladies ultérieures, choisir parmi les embryons disponibles celui qu'on va implanter dans l'utérus et éliminer ceux qui sont porteurs d'un gène susceptible de favoriser un handicap.

le problème philosophique

Jusqu'où peut-on aller dans la maîtrise de la reproduction humaine ?

Faut-il se réjouir de cet accroissement de la maîtrise de l'homme sur la procréation et de la nouvelle possibilité d'éviter la venue au monde d'un enfant lourdement handicapé ? Ou faut-il au contraire redouter que soit ainsi donné à l'homme le pouvoir exorbitant de façonner sa descendance en fonction de ses désirs ?
Certains craignent de voir ressurgir l'eugénisme, doctrine qui permettait à l'État d'orienter la procréation selon certains critères de normalité biologique ; l'Allemagne nazie a ainsi appliqué sur une grande échelle la stérilisation, et même l'élimination des sujets « non conformes ».

les arguments en présence

Thèse A. Le diagnostic sur l'embryon nous conduit vers un nouvel eugénisme.

Avec le diagnostic sur l'embryon on risque de glisser insensiblement vers un nouvel eugénisme ; non pas un eugénisme d'État autoritaire, mais un eugénisme « doux » pratiqué à la convenance des individus.

1 La normalité, une idée dangereuse. – Rien ne nous autorise à décréter qu'une vie ne vaut pas d'être vécue. Rien ne justifie l'élimination des êtres qui s'écarteraient de ce que nous considérons aujourd'hui comme la normalité. En conséquence, personne n'est habilité à décider qui peut naître.
2 La demande d'enfants parfaits. – Rien n'empêchera demain de faire systématiquement cet examen ; avec le progrès du repérage des anomalies, tous les embryons vont bientôt devenir suspects. On encourage ainsi la demande inacceptable d'« enfants parfaits ».
3 Des motivations égoïstes. – La compassion pour l'enfant handicapé est-elle la vraie motivation du diagnostic sur l'embryon ? Derrière la prétendue pitié peut se dissimuler l'absence de courage qu'il faut pour aider un enfant à surmonter une infirmité.

Thèse B. Le diagnostic sur l'embryon offre de nouvelles possibilités de vie.

Tout nouveau pouvoir de la technique crée un réflexe de peur. Mais nous ne devons pas lui céder et renoncer à étendre notre maîtrise de la reproduction.
1 Faire un enfant libre. – La mère, le couple, veulent un enfant libre ; non pas parfait, mais libre d'entraves, libre de handicaps. Ils ont le devoir de faire tout leur possible pour donner à leur enfant toutes ses chances.
2 Une œuvre de vie. – On favorise la naissance d'enfants qui ne seraient pas nés sans ce type de diagnostic. En effet, en cas de risque important d'anomalie, les parents, surtout s'ils ont été découragés par des accidents antérieurs, n'ont pour seule ressource que de renoncer à avoir un enfant.
3 Les garde-fous nécessaires. – On peut faire face au risque d'eugénisme ; pour cela il importe que personne ne s'avise de décréter quels sont les handicaps insupportables et ne prêche l'élimination des porteurs d'anomalies génétiques.

2. Faut-il tout montrer à la télévision ?

les faits

Le progrès des techniques audiovisuelles a bouleversé les possibilités d'information de masse. De plus en plus souvent, la télévision nous met brutalement en présence de situations insoutenables et ceci dans l'instant même où elles se déroulent : spectacle de l'agonie d'un enfant coincé dans un éboulement, drame humain joué en public par ses protagonistes qui exhibent leur intimité, etc.

Nombreux sont ceux qui, dans le public et parmi les professionnels de l'information, s'interrogent sur les effets d'une mise en image toujours plus grande de tous les aspects de la vie humaine.

le problème philosophique

Peut-on concilier le devoir d'informer et les exigences de la pudeur ?

Il y a ici un conflit entre deux valeurs essentielles : le souci de la vérité due aux citoyens et le respect de la dignité des personnes. Selon quels critères peut-on définir les précautions à prendre, les limites à ne pas dépasser ? Sous quelles formes faut-il exercer, s'il y a lieu, un contrôle de l'image ? Faut-il faire appel au législateur ou à la déontologie (c'est-à-dire la morale professionnelle) des médias ?

les arguments en présence

Thèse A. Le téléspectateur a le droit de voir et de savoir.

La liberté d'expression accorde aux journalistes le droit de diffuser les images qui sont en leur possession à des téléspectateurs responsables de leur propre jugement.

1 Le téléspectateur-citoyen. – Les téléspectateurs doivent être traités en adultes. Ils ont le droit de connaître la vérité telle qu'elle est pour pouvoir exercer en connaissance de cause leur responsabilité de citoyens.

2 Le risque de censure. – Des scrupules moraux peuvent dissimuler des arrière-pensées politiques. Si on laisse à des censeurs le droit d'interdire certaines images, qui nous assure qu'ils ne seront pas tentés de cacher ici une répression policière, là une misère trop voyante, toujours sous prétexte de ménager la sensibilité du public ?

3 Le souci d'efficacité. – Ce qui n'est pas montré à la télévision n'existe pas ; telle est, dans toute sa brutalité, la règle effective de notre monde médiatisé ; montrer est donc, que cela plaise ou non, le seul moyen de poser publiquement un problème.

4 Tout est dans la manière. – L'impératif de ne rien cacher n'entraîne pas l'obligation de tout montrer n'importe comment.

Thèse B. La personne humaine a droit au respect de son intimité.

Le droit à l'information n'est souvent qu'un alibi. Il y a de la complaisance à montrer l'horreur sans respect pour ceux dont on transforme la souffrance en spectacle.

1 L'information n'est pas exhibition. – Loin d'informer, la course au spectaculaire dénature les drames du monde. On ne fait pas œuvre de vérité en les montrant hors de leur contexte et sans la distance qui seule permet une véritable prise de conscience.

2 Un spectacle dégradant. – Il est malsain de placer les téléspectateurs en situation de voyeurs ; on joue ainsi complaisamment sur un plaisir suspect : celui d'assister au malheur des autres.

3 Le risque de banalisation. – Le fait de tout montrer ne suscite pas de vraie compassion. Au contraire, il banalise l'horreur, émousse la sensibilité et développe l'indifférence, car le spectateur reste étranger au drame auquel il assiste.

4 La tentation du sensationnel. – La télévision ne pouvant pas renoncer au sensationnel, elle doit éviter certains sujets.

3. L'expérimentation sur l'homme de nouveaux médicaments est-elle moralement acceptable ?

les faits ■

Des techniques sont utilisées pour mesurer objectivement l'efficacité de nouveaux médicaments, en particulier par l'administration à un lot de malades d'un médicament fictif appelé placebo. Depuis peu, la loi prévoit que la participation des malades à une expérimentation suppose leur consentement éclairé, c'est-à-dire qu'on les ait avertis des risques encourus.

le problème philosophique ■

Peut-on concilier le risque inhérent à la mise au point de toute technique médicale et le respect de la dignité des personnes ?

les arguments en présence ■

Thèse A. Une action est moralement bonne si elle augmente le bien-être du plus grand nombre.

L'incertitude est inhérente à l'acte même de soigner. Un éventuel accident est compensé par la perspective de sauver des milliers de vies. On ne peut rien opposer aux malades qui sont prêts à tout dans l'espoir de guérir. Seul le résultat est moral, selon la doctrine utilitariste.

Thèse B. Aucun acte ne doit porter atteinte à la dignité de la personne.

On ne doit jamais traiter autrui comme un moyen, affirme l'« impératif catégorique » de Kant, et cela même s'il a donné son consentement, et qu'on le fait avec les meilleures intentions du monde. De plus, en vertu de quel critère désignera-t-on les cobayes ? A l'inverse, si le traitement est efficace, de quel droit certains en seraient-ils privés ?

4. La contraception a-t-elle une incidence sur la dimension humaine des rapports sexuels ?

les faits ■

La pilule anticonceptionnelle est une découverte technique qui a bouleversé les mœurs, et particulièrement l'ensemble des relations entre les hommes et les femmes. Elle permet de séparer l'acte sexuel de la procréation.

le problème philosophique ■

La dissociation entre sexualité et procréation est-elle contraire à la nature ?

les arguments en présence ■

Thèse A. Il est légitime d'avoir des rapports sexuels indépendamment du désir de procréer.

En l'absence de moyens contraceptifs, les rapports sexuels sont forcément vécus dans la perspective d'une procréation possible. Or, une sexualité entièrement subordonnée à la reproduction est génératrice d'angoisse et de culpabilité. La menace du sida impose de toute façon l'usage du préservatif hors des couples monogames.

Thèse B. On ne doit pas séparer sexualité et procréation.

La sexualité n'est vraiment humaine que lorsqu'elle est vécue dans la perspective d'un amour partagé, d'une vie de couple stable, dont le couronnement est par nature la reproduction. C'est dans cette perspective que s'accomplit pleinement la dimension proprement humaine de la sexualité. C'est pourquoi la fidélité monogamique est préconisée par le pape contre le danger du sida.

bilan

vocabulaire

Expliquez la différence entre les termes suivants :

1 efficace – bénéfique
2 puissant – libre
3 savoir – savoir-faire
4 technicien – technocrate
5 appareil – instrument
6 machine – organisme
7 greffe – prothèse
8 qualités – compétences
9 innovation – progrès
10 ingénieur – technicien

connaissances

1 Que doit le progrès humain à la technique ?
2 En quoi l'objectif essentiel de la technique est-il limité ?
3 Si on oublie cette limite, quels sont les dangers contre lesquels nous devons nous prémunir ?
4 Au nom de quels principes pouvons-nous refuser ou accepter les nouvelles possibilités techniques ?
5 De quels moyens disposons-nous pour maîtriser l'évolution technique ?
6 Connaissons-nous d'avance les conséquences des innovations techniques ?
7 L'objet technique nous impose-t-il son usage et notre comportement ?
8 Quels sont les objets techniques qui ont le plus changé notre vie ces dix dernières années ?
9 Peut-on réellement s'opposer aux nouvelles possibilités techniques ?
10 S'il le peut, l'homme doit-il rejeter toutes les limites ?

texte

Dans le *Discours de la méthode,* Descartes écrit que nous pouvons, grâce à la science et à la technique, devenir « comme maîtres et possesseurs de la nature ».

1 Comment faut-il comprendre *comme* ?
2 Quels sont les opposés respectifs de *maître* et de *possesseur* ?
3 Quelle différence faites-vous entre *maître* et *possesseur* ?
4 Cette phrase nous invite-t-elle à nous retourner contre la nature, à lui être indifférents ou à la prolonger ? Justifiez votre réponse.
5 Que devons-nous à cette phrase ?

Formes et signes, pourquoi ?

Face à la technique qui risque de nous imposer l'efficacité pour unique idéal, est-ce l'art qui va sauver la civilisation, lui qui invente des formes en toute liberté ?
On constate qu'il n'y a jamais eu de civilisation sans art.
Mais l'art est parfois accusé de manquer de sérieux, d'être inutile, imaginaire et amoral. Comment se fait-il alors que la moins utilitaire de nos activités, la moins rationnelle et la moins morale, soit celle qui nous humanise de la façon la plus complète ?

L'art

Lubin Baugin (1612-1663), *Le Dessert des gaufrettes* (huile sur toile, 41 × 52 cm) ; Musée du Louvre, Paris.

■ Cours

L'art pour donner forme au sens

Dès son origine, l'homme vit de nourriture et d'art, et rien d'essentiel n'a changé sur ce plan. Réfugiés au fond des grottes, les hommes des temps préhistoriques s'occupaient à graver, à peindre et à sculpter, comme s'ils leur était nécessaire de façonner une image sensible du monde environnant, de leurs croyances et de leurs désirs.

Masque Dogon ;
Musée Dapper, Paris.

L'art est la libre création de formes significatives

Cette nécessité n'est pourtant pas évidente, car l'art revendique son droit de ne remplir aucune fonction utilitaire. Il est en cela une activité bien propre à l'homme, consistant à créer des œuvres pour le seul plaisir d'en apprécier la forme. Le plaisir est son but, la forme son véritable contenu (texte 1 p. 76). Le peintre Maurice Denis rappelle qu'« un tableau, avant d'être un cheval de bataille, une femme nue ou une quelconque anecdote, est essentiellement une surface plane recouverte de couleurs en un certain ordre assemblées ».

Aussi important que soit le thème apparent d'une œuvre – la personne dont on fait le portrait, le paysage que l'on fixe sur la toile, l'histoire que racontent le livre ou le film –, c'est seulement par sa manière et par ses moyens spécifiques que l'œuvre d'art produit une signification et une émotion. Tout en parlant d'axes, de plans et d'angles, Rodin explique lumineusement comment la forme différente donnée au corps humain dans la statuaire grecque, puis à l'époque de la Renaissance, façonne et exprime à chaque fois un idéal de civilisation et de vie (texte p. 84).

C'est donc qu'une œuvre créée librement, dans le seul but apparent de donner du plaisir, peut par sa forme jouer un rôle essentiel dans notre existence en donnant une forme sensible à nos idéaux, à nos désirs, et plus généralement une forme humaine à notre perception du monde extérieur.

Paul Klee (1879-1940), *Rhythmisches,* 1930, (huile sur toile de jute, 69,60 × 50,50 cm) ; MNAM, centre Georges-Pompidou, Paris.

L'art donne forme à nos idéaux, à nos désirs et à notre perception du monde

À chaque époque, l'art donne une apparence sensible au sacré, à l'invisible, comme en témoignent les statuettes africaines, les musiques sacrées ou, en peinture, les variations de style et d'inspiration sur le thème de la Pietà.

Nos désirs les plus refoulés, les plus inaccessibles à la raison, trouvent dans l'art une possibilité d'élaboration, de mise en forme et de manifestation, à travers les contes, les mythes et les autres fictions où l'imagination donne libre cours à ses fantasmes.

Enfin, l'art propose sans cesse de nouvelles façons de se représenter la réalité extérieure, de la percevoir et de la ressentir (texte 8 p. 82), dans la mesure où il éduque et fait évoluer nos organes de perception, notre oreille (texte 3 p. 78), notre œil et tous les récepteurs de notre sensibilité en même temps que notre pensée.

Marcel Gromaire (1892-1971), *Pietà*, 1993 (huile sur toile, 81 × 65 cm) ; Musée d'Art moderne de la Ville de Paris.

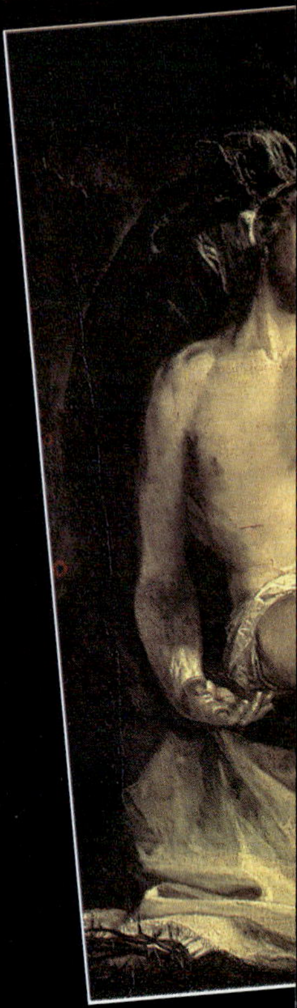

Nicolas de Staël (1914-1955), *Chenal à Gravelines,* 1954 (huile sur toile) ; coll. part., Russie.

Georges Seurat (1859-1891), *Chenal de Gravelines, Petit Fort Philippe,* 1890, (huile sur toile, 73,4 × 92,7 cm) ; Indianapolis Museum of Art.

2. Est-il absurde d'aimer une personne pour sa beauté physique ?

les faits

Pascal a écrit : « Le nez de Cléopâtre : s'il eût été plus court, toute la face de la terre aurait changé. » Si l'on en croit cette formule, les passions des hommes et le destin du monde dépendraient donc de l'apparence physique des personnes, et plus particulièrement de la beauté des femmes.

le problème philosophique

Peut-on aimer une personne pour sa beauté physique plus que pour sa valeur ?

L'importance accordée à la beauté physique est-elle pure vanité, comme le dit Pascal, ou bien, comme Platon semble l'admettre, peut-on s'élever progressivement de la beauté des corps jusqu'à la beauté idéale, dont la contemplation fait que la vie vaut la peine d'être vécue ?

les arguments en présence

Thèse A. La beauté physique est pure apparence et vanité.

L'apparence physique est une donnée héritée, sans rapport avec la personnalité, et qui n'exprime donc rien des qualités intérieures d'une personne. Aimer l'apparence physique n'est pas aimer la personne.

1 Aléatoire. – On naît avec un physique dont on n'est pas responsable et qui ne prouve rien sur ce qu'on est.

2 Non significatif. – Que prouvent des yeux bleus, sinon l'absence de mélanine et une certaine disposition des fibres musculaires de l'iris ? Quel rapport avec les idées de pureté et d'innocence associées aux yeux bleus ? Même question pour les cheveux, la taille, le nez, etc.

3 Injuste. – Les hommes plaisent par leur charme, lié à des qualités non physiques, alors qu'on demande aux femmes de plaire par leur beauté ; ce qui revient à une conception de la « femme-objet ». Si Cyrano s'était fait connaître comme l'auteur des billets divinement rimés, il aurait peut-être conquis l'amour de Roxane. Mais si celle-ci avait eu le nez de Cyrano, pourrait-on imaginer que ce dernier soit tombé malgré tout amoureux d'elle ?

4 Beauté contre imagination. – L'amour de la beauté apparente est un amour pour une image conventionnelle, pour une impression de surface, pour une copie conforme aux canons de la mode. C'est pourquoi Marcel Proust a dit : « Laissons les jolies femmes aux hommes sans imagination. »

Thèse B. L'importance de la beauté physique est légitime.

L'apparence physique d'une personne est l'expression de sa personnalité. La beauté physique exprime donc des qualités réelles.

1 L'apparence révélatrice. – Les traits du visage et du corps sont par eux-mêmes révélateurs du caractère et de la personnalité, parce que l'apparence extérieure d'une personne dépend plus de sa façon d'être dans son corps que de son corps lui-même. Si les yeux sont les fenêtres de l'âme, la beauté d'une personne est la manifestation visible des qualités invisibles de son âme.

2 Toute beauté est aimable. – Nous admirons tout ce qui a une belle forme, qu'il s'agisse d'un paysage, d'un objet ou d'une œuvre d'art. Pourquoi pas celle d'une personne ?

3 Toute forme a une signification. – La statue grecque privilégiait l'harmonie, certaines proportions, la jeunesse, la grâce. On pourrait dire à partir de là que toute forme physique est tenue pour belle quand elle représente une idée : la vitalité (avec le hâle), la fragilité (par la blancheur de la peau), la jeunesse (la sveltesse), la force (les muscles), la féminité (les hanches dans les statues de Maillol), etc. A chaque forme et signe de beauté choisis par une culture ou une époque correspond un sens.

Bartholomeus Van der Helst (1613-1670), *Le Banquet de la garde civile pour fêter la paix de Westphalie de 1648* (huile sur toile, 232 × 547 cm) ; Rijksmuseum, Amsterdam.

3. Peut-on estimer qu'un de ces deux tableaux est objectivement supérieur à l'autre ?

On trouve au Rijksmuseum d'Amsterdam des œuvres qui invitent à la comparaison. Ce sont des portraits de groupes commandés (et payés par ceux qui y sont représentés) à des peintres du même pays et de la même période : Rembrandt et Van der Helst. Faut-il dire : « A chacun ses goûts » ou estimer qu'un des tableaux est supérieur à l'autre ?

Rembrandt (1606-1669), *Le Syndic des drapiers,* 1662 (huile sur toile, 191 × 279 cm) ; Rijksmuseum, Amsterdam.

BAC

Préparer une dissertation

premier sujet

Qui peut dire ce que vaut une œuvre d'art ?

les mots de l'énoncé

1 Choisissez dans cette série d'expressions celle qui exprime le mieux ce que veut dire *qui* dans *qui peut dire* :
– quel genre de personne ;
– quel groupe social ;
– quelle époque.
2 Choisissez dans cette série d'expressions celle qui exprime le mieux ce que veut dire *peut* dans *qui peut dire* :
– qui est considéré comme autorisé ;
– qui possède la capacité artistique ;
– qui possède les moyens matériels ?
3 Comment entendez-vous *ce que vaut* ?

la forme de la question

4 L'énoncé tient-il pour acquis que certains ont le droit de juger ce que vaut une œuvre d'art, ou demande-t-il au contraire si ce droit est légitime ?

les idées qui font le problème

5 Sur quels plans différents peut-on mesurer ce que vaut une œuvre d'art ?
6 Deux jugements opposés sur une œuvre peuvent-ils être justes tous les deux ?
7 La valeur esthétique et la valeur financière d'une œuvre sont-elles indépendantes ?
8 Le droit indiscutable de n'importe qui de dire si une œuvre lui plaît entraîne-t-il le droit de juger de la valeur d'une œuvre d'art ?
9 Une évaluation objective d'une œuvre d'art est-elle concevable ?
10 S'il existe des avis plus autorisés que d'autres en matière d'art, à qui feriez-vous le plus confiance, et pourquoi ? Numérotez les propositions suivantes par ordre décroissant :
– au grand public ;
– aux critiques spécialisés ;
– aux autres artistes pratiquant le même art ;
– à des amateurs éclairés ;
– à des amis ayant vos goûts ;
– à la postérité qui fera le tri ?

deuxième sujet

L'activité de l'artiste relève-t-elle du travail ou du jeu ?

les mots de l'énoncé

1 Définissez le genre d'activité humaine qu'est le travail.
2 Définissez le genre d'activité humaine qu'est le jeu.
3 Qu'est-ce que ces deux formes d'activité ont de commun ?
4 Qu'est-ce que ces deux formes d'activité ont d'opposé ?
5 En quoi l'art est-il et n'est-il pas du travail ?
6 En quoi l'art est-il et n'est-il pas du jeu ?

la forme de la question

7 L'activité de l'artiste relève-t-elle soit du travail soit du jeu, ou y a-t-il d'autres possibilités de réponse à cette question ?

les idées qui font le problème

8 Estimez-vous que l'art suit des règles, les invente, ou s'en passe ?
9 L'artiste ne cherche-t-il qu'à se faire plaisir ?
10 L'homme qui travaille crée-t-il une œuvre ?

Ouverture du mur de Berlin, novembre 1989. Photo Raymond Depardon.

Les hommes sont les seuls responsables de l'histoire

La difficulté pour un simple citoyen d'agir sur le cours de l'histoire est indéniable. Ce n'est pas une raison pour laisser réapparaître la barbarie individuelle, collective ou celle perpétrée par un État. Chaque crime d'origine politique dont nous sommes les contemporains, et les témoins à distance, engage notre responsabilité, pour une part proportionnelle à ce que nous pourrions faire si nous nous en donnions les moyens.

Certes, le citoyen seul est de faible pouvoir, mais il peut essayer de ne pas rester isolé. Certes, les responsables et les dirigeants ont le pouvoir de décision, mais ils ne sont pas tout-puissants face à la volonté de leurs peuples. Certes, les données sont multiples, les situations complexes, mais cela n'excuse pas la démission devant l'histoire. L'homme agit avec la part de risque propre à toute entreprise humaine.

Il est donc juste que les peuples qui laissent leurs dirigeants commettre des crimes en leur nom en soient tenus eux aussi pour responsables, et cela est une leçon de l'histoire qui vaut pour le présent (texte 1 p. 104).

Connaître et comprendre l'histoire pour ne pas la subir

En effet, qu'est-ce que l'histoire, si ce n'est l'ensemble des actions humaines ? Les Grecs les premiers ont renoncé à croire que des forces surnaturelles manipulaient les hommes. S'étant décidés à prendre collectivement en main leur destinée politique, ils éprouvèrent le besoin de discuter publiquement de leur passé pour choisir ensemble ce qui devait en être conservé et quelles innovations devaient lui être apportées.

Pour cela ils entreprirent l'étude sans complaisance de leur passé commun et de celui des autres peuples. Voilà comment est née, avec les premiers historiens grecs, cette entreprise de restitution et de clarification du passé des sociétés humaines qu'on appelle la connaissance historique (texte 2 p. 104).

C'est parce que l'homme sait qu'il a un passé, qu'il peut comparer les évolutions parallèles ou divergentes, prendre du recul par rapport à l'époque présente et tenter d'agir librement sur son histoire (texte 3 p. 105).

De même que la technique n'a pu dominer la nature qu'en cherchant à expliquer les lois auxquelles les phénomènes sont soumis, de même, pour agir sur l'histoire, il faut comprendre la logique des événements, identifier les forces qui sont à l'œuvre derrière les motifs apparents des acteurs de l'histoire. Ainsi, pour expliquer le déclenchement d'une guerre, on cherchera à établir le poids respectif des divers facteurs en cause : intérêts économiques, passions nationalistes, rêves de grandeur des États, antagonismes religieux, attachement à la langue, au territoire.

Mais il ne suffit pas de comprendre ce qui fait évoluer l'histoire, il faut encore décider ce qui nous paraît un progrès et ce qui doit être combattu comme une régression. L'histoire nous dit-elle vers quels objectifs nous devrions la faire progresser ?

L'histoire n'est pas une providence

Les philosophies de l'histoire, comme celles de Kant, de Hegel ou de Marx, sont des constructions théoriques qui tentent de dégager du désordre de l'histoire universelle un sens nécessaire, un but final indépendant de la volonté consciente des hommes. Hegel considère que même les actions les plus absurdes contribuent à conduire l'histoire vers le règne de la raison. Marx estime que l'histoire s'achemine nécessairement vers une société sans propriété privée, une société sans classes sociales, sans antagonismes et donc sans État (texte 4 p. 106).

Mais cette certitude marxiste concernant l'avenir de l'humanité a eu pour effet de justifier les pires crimes totalitaires au nom d'une conception prétendument scientifique de l'histoire. A la lumière des catastrophes engendrées par cette vision d'un avenir idéal auquel on doit sacrifier les existences humaines, on a renoncé à croire que l'histoire, par le biais de l'action politique, pouvait promettre le bonheur sur terre ; c'est bien assez si elle permet de combattre certaines causes du malheur. On a admis surtout que nul ne peut se prétendre le prophète de l'avenir des autres hommes, car l'histoire n'est pas écrite d'avance (texte 5 p. 106).

L'histoire donne aux hommes des objectifs communs

A côté de ces folies meurtrières, il y a, heureusement, des progrès qui n'auraient pas eu lieu si les hommes ne les avaient pas voulus et imposés. Un double idéal semble s'imposer : le droit plutôt que la force brute, et la liberté égale pour tous. Tel est, depuis la Révolution française, le programme de la modernité, c'est-à-dire d'une conception de la politique débarrassée de toutes les idées de soumission.

Aujourd'hui la plupart des États se réclament de ces valeurs, même quand ils ne les respectent pas. Car s'il est vrai que l'esclavage, la ségrégation raciale, la torture, l'humiliation des faibles n'ont pas disparu de la planète, ces pratiques qui étaient jadis avouées ne peuvent plus être étalées au grand jour.

Ces idéaux du droit et de la liberté ont été inscrits dans la charte des Nations Unies en 1948 comme une leçon de l'histoire, en réponse aux horreurs commises par les régimes totalitaires (texte 6 p. 107).

Le droit et la liberté sont des valeurs universelles

Certes ces tyrannies ont été écrasées ou se sont effondrées d'elles-mêmes, et la démocratie connaît un regain indéniable. Mais elle est attaquée sur un autre front.
En cette fin de siècle, des mouvements constitués sur une base ethnique, religieuse ou nationaliste remettent à nouveau en cause les valeurs démocratiques de droit et de liberté. Hostiles au progrès, ils regardent vers un passé idéalisé, une sorte d'âge d'or dont ils prônent la restauration et dans lequel ils voient la solution miraculeuse à tous les maux. Ils estiment que les idéaux démocratiques n'ont pas de portée universelle, qu'ils sont les valeurs du seul monde occidental. C'est pourquoi, faisant de la religion un idéal politique absolu et indiscutable, ils s'en prennent à toutes les idées modernes, aux Droits de l'homme, à la liberté de conscience et à l'égalité des sexes.
Selon les partisans du relativisme culturel, il n'y aurait rien à répondre à ces attaques. En effet, cette doctrine, partant du fait que chaque civilisation doit préserver sa culture propre, en conclut qu'elle peut s'en tenir à ses propres critères moraux. Dans ces conditions, si les droits de la personne, le statut des femmes, ou la liberté de conscience ne font pas partie de telle ou telle culture, on n'aurait rien à y objecter. Dans cette perspective, l'histoire ne peut être que le développement séparé de communautés cultivant jalousement chacune son identité.
A l'opposé de cette vision, l'idéal universaliste propose une seule humanité composée d'individus libres et égaux – non pas malgré leurs différences mais au nom du respect de ces différences, à condition que soient respectés les droits et la dignité de la personne humaine. Selon l'universalisme, l'histoire humaine a pour but d'arriver un jour à faire coopérer entre elles des sociétés différentes par leur culture, leur langue et leurs traditions, mais unies par les règles et les valeurs communes à l'humanité.

Capitolium ou *Salle des bustes*, Rome, 1992.
Photo Frédéric Brenner.

La démocratie a besoin de démocrates

Enfin, au sein même des démocraties, on rencontre en cette fin de siècle un certain scepticisme à l'égard de la participation de chaque citoyen à la politique et par là-même de sa participation à l'histoire.

Pourtant, le respect du droit et de la liberté implique l'intervention active des citoyens dans tous les problèmes de notre temps : guerres inter-ethniques, conflits entre États, chômage, exclusion, choix éthiques liés aux nouvelles technologies. De plus, l'histoire étant devenue mondiale, les solutions juridiques et politiques à ses drames doivent l'être également.

Dans la mesure où nous tenons aux droits et aux libertés que les hommes ont conquis dans le passé et qu'ils nous ont légués, nous ne pouvons nous en désintéresser. Nous sommes chargés de les défendre et de les faire progresser (texte 7 p. 108). Autant dire qu'aujourd'hui encore, la démocratie a besoin de démocrates.

Les idées dans le texte

TEXTE 1 ■ ISAIAH BERLIN, 1969

Le déterminisme historique efface les responsabilités

Ceux qui éprouvent de l'indignation devant les crimes du passé se voient souvent opposer cette idée : « Il faut se replacer dans le contexte de l'époque » ; les actes humains ne devraient pas être jugés dans l'absolu mais être éclairés par les circonstances historiques du moment. Mais le souci de tout comprendre n'a-t-il pas pour conséquence de tout excuser ?

On nous affirme qu'il est stupide de condamner Charlemagne, Napoléon, Genghis Khan, Hitler ou Staline pour les massacres qu'ils ont commis, que ce type de jugements en dit plus long sur nous-mêmes que sur les « faits ». [...] On nous dit aussi que la tâche de l'historien consiste à décrire les grandes révolutions de notre temps en se gardant bien de suggérer que certains individus n'ont pas seulement causé de grandes souffrances et de terribles destructions mais en sont directement responsables. [...] Viendra un temps où les hommes se demanderont comment une doctrine aussi étrange, qui allie une méconnaissance des rapports qu'entretiennent les faits et les valeurs à un cynisme paré du manteau de la plus stricte impartialité, a pu acquérir une telle renommée, exercer une aussi grande influence et jouir d'une telle respectabilité. En effet, elle n'a rien de scientifique. Et sa réputation ne peut être due à la seule crainte, en soi louable, de paraître arrogant ou philistin [1], d'imposer aux autres nos valeurs et nos dogmes. Elle tient à une profonde incompréhension des implications philosophiques des sciences exactes dont plus d'un sot et d'un imposteur se sont, depuis toujours, approprié le prestige ; mais surtout, me semble-t-il, elle naît du désir d'abdiquer nos responsabilités, de cesser de juger, car ainsi nous ne serons plus jugés et surtout nous ne serons plus obligés de nous juger ; d'un désir de trouver refuge et de se fondre dans une vaste entité monolithique [2], impersonnelle, amorale – la nature, l'histoire, la classe, la race, « les dures réalités de notre temps », l'irrésistible développement des structures sociales – qu'il serait vain et dangereux de critiquer ou de combattre.

Isaiah Berlin, *Éloge de la liberté,* trad. J. Carnaud et J. Lahana, Calmann-Lévy, 1990, pp. 164-165.

1 Philistin : borné.
2 Monolithique : d'un seul bloc.

TEXTE 2 ■ PAUL RICŒUR, 1955

L'objectivité à laquelle l'historien peut prétendre

Les mathématiques ou les sciences de la nature possèdent sur l'histoire un avantage : les intérêts bassement humains ne viennent pas y introduire des éléments de subjectivité. Comme disait Hobbes, on n'a jamais vu les hommes se battre à propos d'un théorème de géométrie. Pour obtenir ses lettres de noblesse, l'histoire se doit pourtant de prétendre à sa façon à l'objectivité.

Nous attendons de l'histoire une certaine objectivité, l'objectivité qui lui convient ; la façon dont l'histoire naît et renaît nous l'atteste ; elle procède toujours de la *rectification* de l'arrangement officiel et pragmatique de leur passé par les sociétés traditionnelles. Cette rectification n'est pas d'un autre et il avait sauté, avec les dépêches et tout, de l'hélicoptère dans l'eau profonde.

C'était une fin, disait Big Brother, qu'il était impossible de contempler sans un sentiment d'envie. Big Brother ajoutait quelques remarques sur la pureté et la rectitude de la vie du camarade Ogilvy. Il avait renoncé à tout alcool, même au vin et à la bière. Il ne fumait pas. Il ne prenait aucune heure de récréation, sauf celle qu'il passait chaque jour au gymnase. Il avait fait vœu de célibat. Le mariage et le soin d'une famille étaient, pensait-il, incompatibles avec un dévouement de vingt-quatre heures par jour au devoir. Il n'avait comme sujet de conversation que les principes de l'Angsoc. Rien dans la vie ne l'intéressait que la défaite de l'armée eurasienne et la chasse aux espions, aux saboteurs, aux criminels par la pensée, aux traîtres en général. [...]

Le camarade Ogilvy, inexistant une heure plus tôt, était maintenant une réalité. Une étrange idée frappa Winston. On pouvait créer des morts, mais il était impossible de créer des vivants.

Kasimir Malévitch (1878-1935), *Pressentiment complexe* (torse à la chemise jaune), vers 1930 (huile sur toile, 99 × 79 cm) ; Musée de Saint-Pétersbourg.

Le camarade Ogilvy, qui n'avait jamais existé dans le présent, existait maintenant dans le passé, et quand la falsification serait oubliée, son existence aurait autant d'authenticité, autant d'évidence que celle de Charlemagne ou de Jules César.

George Orwell, *1984*,
trad. A. Audiberti, Gallimard, 1977, pp. 59-73.

questions

1 En général, le travail de l'historien consiste à trouver des documents et, à partir de ceux-ci, à contruire un récit des événements passés qui permette d'en comprendre les causes et le sens. Mais, dans la société de *1984*, le travail qu'on demande à Winston obéit à une tout autre logique. Laquelle ?

2 Pourquoi Winston se fait-il la remarque qu'après tout ces manipulations ne constituent même pas une véritable falsification ?

3 Quelle est la signification symbolique de la remarque finale (l'*étrange idée*) de Winston à propos de la création du camarade Ogilvy ?

Arguments pour une étude de cas

en vue d'une lecture, d'une dissertation, d'un dossier ou d'un débat

1. Les individus ont-ils prise sur le cours de l'histoire ?

les faits

Il existe deux images différentes du rôle des individus dans l'histoire. D'un côté on exalte le rôle transformateur des acteurs anonymes : par exemple celui des membres des réseaux de la Résistance ou celui des syndicalistes polonais dans les années quatre-vingt. De l'autre côté, on constate aujourd'hui la désaffection pour les partis politiques et les syndicats, et le repli désabusé sur les valeurs individualistes.

le problème philosophique

Les individus peuvent-ils agir sur le cours de l'histoire ?

Pour avoir une action efficace sur l'histoire il faut connaître les causes qui déterminent les événements. Elles sont pourtant si nombreuses qu'il est impossible de toutes les connaître. D'où la tentation de renoncer à intervenir. Mais l'incertitude n'est elle pas propre à toute entreprise humaine ?

les arguments en présence

Thèse A. L'histoire ne dépend pas des volontés individuelles.

Tous les discours sur la responsabilité des citoyens ne valent rien si les vrais leviers de décision échappent à leur contrôle.

1 Le règne de l'imprévisible. – Les objectifs des individus s'opposent et donc leurs actions se contrarient l'une l'autre et se neutralisent. Les différents facteurs de l'évolution sociale forment un écheveau embrouillé. Si bien que le résultat de toute entreprise humaine est absolument imprévisible.

2 Les coulisses de l'histoire. – Des conditions déterminantes pour l'évolution de l'histoire imposent leur domination hors de toute possibilité de contrôle humain : flux financiers imprévisibles, crises économiques, etc.

3 Il n'y a pas de leçons de l'histoire. – Les événements se déroulent dans des circonstances toujours particulières ; il n'est donc pas possible d'en tirer des règles générales.

4 Les effets pervers. – On obtient parfois un résultat inverse de celui qui était souhaité. Tocqueville montre par exemple que les révolutionnaires de 1789 croyaient affaiblir le pouvoir monarchique ; ils ont, sans le savoir, accéléré le renforcement du pouvoir central de l'État.

Thèse B. L'intervention des hommes peut infléchir la marche du siècle.

Bien que les hommes fassent l'histoire sur la base des conditions antérieures, on peut dire avec Sartre que « ce sont eux qui la font et non les conditions antérieures ».

1 La puissance de l'action collective. – Plus que le coup d'éclat d'une action individuelle, l'action patiente des masses organisées peut entraîner des changements profonds, comme par exemple l'évolution de la législation sociale depuis les années trente.

2 Le rôle d'individualités hors du commun. – Parfois, l'initiative audacieuse et la ténacité de personnalités d'exception a une influence déterminante, quand elle savent capter un sentiment collectif fort et affronter les pouvoirs en place avec intelligence.

3 Le moment opportun. – De nombreuses tentatives échouent parce qu'elles sont prématurées, ou au contraire parce que le moment favorable est passé. Mais cela ne signifie pas que l'action volontaire des individus soit sans effet sur l'histoire.

4 Les petits changements invisibles. – Souvent l'action des individus produit des changements profonds mais imperceptibles. Ainsi les modifications intervenues depuis trente ans dans les relations entre hommes et femmes ont influé notamment sur les comportements conjugaux (recul du mariage, augmentation des divorces, naissance tardive du premier enfant, etc.).

troisième sujet — En quoi la lecture du journal nous plonge-t-elle dans l'Histoire ?

les mots de l'énoncé

1 En quel sens pourrait-on dire que tout ce qui se trouve dans le journal fait, par définition, partie de l'Histoire ?
2 Quelles sont pourtant les choses qui sont présentes dans le journal mais qui ne font pas partie de l'Histoire ?
3 Quel genre d'image vous suggère le verbe *plonger* ?
4 L'Histoire est présente dans le journal sous une forme particulière ; laquelle ? Pour répondre, demandez-vous de quel mot *journal* est proche.
5 Quelle impression retire-t-on de la lecture régulière du journal, mois après mois, année après année ?
6 Un second caractère de l'Histoire, contraire cette fois au précédent, s'accorde bien avec ce qu'on attend d'un journal. Songez pour trouver ce caractère à ce qui fait l'attrait de la presse.

la forme de la question

7 Comparez cet énoncé avec celui qu'on obtiendrait en supprimant les mots *en quoi*. Le sens de la question en serait-il changé ?

les idées qui font le problème

8 Pourquoi le mot *Histoire* est-il écrit avec une majuscule ?
9 A quelle autre idée de l'Histoire s'oppose cette image du journal qu'on déplie machinalement en prenant son café ?
10 Y a-t-il plusieurs façons d'être « plongé dans l'histoire » ?

quatrième sujet — La compréhension du présent exige-t-elle une connaissance du passé ?

les mots de l'énoncé

1 De quelle sorte de passé et de quelle sorte de présent est-il très vraisemblablement question dans cet énoncé ?
2 Qu'est-ce que *comprendre* quelque chose ?
3 Pourquoi le présent nous pose-t-il plutôt un problème de compréhension ?
4 Qu'est-ce qui fait obstacle à *la compréhension du présent* ?
5 Qu'est-ce que *connaître* quelque chose ?
6 Pourquoi le passé nous pose-t-il plutôt un problème de *connaissance* ?
7 Qu'est-ce qui fait obstacle à *la connaissance du passé* ?

la forme de la question

8 Reformulez la question en remplaçant *exige* par une formulation équivalente.

les idées qui font le problème

9 Peut-on chercher dans le passé des précédents, c'est-à-dire des situations semblables à la situation présente ? Dans ce cas, quelle erreur faut-il éviter ? Quelle que soit votre réponse, appuyez-la sur un exemple.
10 Si une situation présente paraît découler d'une cause passée, est-on condamné à en subir les conséquences ? Répondez en vous appuyant sur un exemple.

BAC

Expliquer un texte

PREMIÈRE ÉTUDE DE TEXTE

Hume
1748

Tout le monde reconnaît qu'il y a beaucoup d'uniformité dans les actions humaines, dans toutes les nations et à toutes les époques, et que la nature humaine reste toujours la même dans ses principes et ses opérations. Les mêmes motifs produisent toujours les mêmes actions ; les mêmes événements suivent les mêmes causes. L'ambition, l'avarice, l'amour de soi, la vanité, l'amitié, la générosité, l'esprit public : ces passions, qui se mêlent à divers degrés et se répandent dans la société, ont été, depuis le commencement du monde, et sont encore la source de toutes les actions et entreprises qu'on a toujours observées parmi les hommes. Voulez-vous connaître les sentiments, les inclinations et le genre de vie des Grecs et des Romains ? Étudiez bien le caractère et les actions des Français et des Anglais : vous ne pouvez vous tromper beaucoup si vous transférez aux premiers *la plupart* des observations que vous avez faites sur les seconds. Les hommes sont si bien les mêmes, à toutes les époques et en tous les lieux, que l'histoire ne nous indique rien de nouveau ni d'étrange sur ce point. Son principal usage est seulement de nous découvrir les principes constants et universels de la nature humaine en montrant les hommes dans toutes les diverses circonstances et situations [...].

David Hume, *Enquête sur l'entendement humain*, trad. A. Leroy, Garnier-Flammarion, 1983, p. 152.

lire le texte

1 Repérez, dans la première phrase, la thèse centrale du texte énoncée de deux façons.

Les mêmes motifs produisent toujours les mêmes actions ; les mêmes événements suivent les mêmes causes.

2 Comparez les deux énoncés de la phrase ci-dessus ; en quoi sont-ils différents ?

L'ambition, l'avarice, l'amour de soi, la vanité, l'amitié, la générosité, l'esprit public : ces passions, qui se mêlent à divers degrés et se répandent dans la société, ont été [...] et sont encore la source de toutes les actions et entreprises [...].

3 Pouvez-vous ajouter d'autres passions influant sur les actions humaines ?

4 En vertu de quel principe peut-on dire que ces passions ont les mêmes effets ?

Voulez-vous connaître les sentiments, les inclinations et le genre de vie des Grecs et des Romains ? Étudiez bien le caractère et les actions des Français et des Anglais : vous ne pouvez vous tromper beaucoup si vous transférez aux premiers la plupart *des observations que vous avez faites sur les seconds.*

5 Expliquez l'étrange conseil de Hume.

Les hommes sont si bien les mêmes, à toutes les époques et en tous les lieux, que l'histoire ne nous indique rien de nouveau ni d'étrange sur ce point. Son principal usage est seulement de nous découvrir les principes constants et universels de la nature humaine en montrant les hommes dans toutes les diverses circonstances [...].

6 Qu'est-ce que l'histoire ne peut nous apporter ?

7 Est-ce une raison pour en négliger l'étude ? Quelle leçon inattendue peut-on en tirer ?

trouver la problématique

8 Quels sont les deux enseignements opposés qu'on peut espérer tirer de l'histoire ?

9 Quelle objection peut-on faire à l'idée que la nature humaine est immuable ?

10 L'histoire est-elle un élément indispensable dans la formation d'un homme moderne ?

■ DEUXIÈME ÉTUDE DE TEXTE ■

Cournot
1872

Aucune idée, parmi celles qui se réfèrent à l'ordre des faits naturels, ne tient de plus près à la famille des idées religieuses que l'idée de progrès, et n'est plus propre à devenir le principe d'une sorte de foi religieuse pour ceux qui n'en n'ont plus d'autre. Elle a, comme la foi religieuse, la vertu de relever les âmes et les caractères. L'idée du progrès indéfini, c'est l'idée d'une perfection suprême, d'une loi qui domine toutes les lois particulières, d'un but éminent auquel tous les êtres doivent concourir dans leur existence passagère. C'est donc au fond l'idée de divin : et il ne faut point être surpris si, chaque fois qu'elle est spécieusement[1] évoquée en faveur d'une cause, les esprits les plus élevés, les âmes les plus généreuses se sentent entraînés de ce côté. Il ne faut pas non plus s'étonner que le fanatisme y trouve un aliment et que la maxime[2] qui tend à corrompre toutes les religions, celle que l'excellence de la fin justifie les moyens, corrompe aussi la religion du progrès.

Antoine Augustin Cournot, *Considérations sur la marche des idées et des événements dans les temps modernes*, Vrin, 1973.

1 Spécieusement : en trompant.
2 Maxime : règle d'action.

lire le texte ■

Aucune idée, parmi celles qui se réfèrent à l'ordre des faits naturels, ne tient de plus près à la famille des idées religieuses que l'idée de progrès, et n'est plus propre à devenir le principe d'une sorte de foi religieuse pour ceux qui n'en n'ont plus d'autre.

1 Quelle est l'idée, selon le texte, qui peut susciter une espèce de foi religieuse ?

Elle a, comme la foi religieuse, la vertu de relever les âmes et les caractères. L'idée du progrès indéfini, c'est l'idée d'une perfection suprême, d'une loi qui domine toutes les lois particulières, d'un but éminent auquel tous les êtres doivent concourir dans leur existence passagère.

2 En quoi l'idée de progrès a-t-elle *la vertu de relever les âmes et les caractères* ?

3 Pourquoi les âmes ont-elles besoins d'être relevées ?

4 Cherchez dans cette phrase tous les aspects de l'idée de progrès qui présentent une parenté avec le dieu des religions.

5 Qu'y a-t-il de séduisant dans l'idée d'un *progrès indéfini* ?

6 Quelle conséquence pour chacun de nous implique la croyance que *tous les êtres doivent concourir dans leur existence passagère* à ce but supérieur qu'est le progrès ?

Il ne faut pas non plus s'étonner que le fanatisme y trouve un aliment et que la maxime qui tend à corrompre toutes les religions, celle que l'excellence de la fin justifie les moyens, corrompe aussi la religion du progrès.

7 En quoi consiste le fanatisme ?

trouver la problématique ■

8 Pour quelle raison oppose-t-on d'habitude religion et progrès ?

9 Quelles idéologies ont fait du progrès un usage fanatique ?

10 Malgré toutes ces réserves, l'idée de progrès de l'homme dans l'histoire ne conserve-t-elle pas une incontestable valeur ?

■ TROISIÈME ÉTUDE DE TEXTE ■

Machiavel 1532

Tous les hommes louent le passé et blâment le présent, et souvent sans raison. Ils sont tellement férus[1] de ce qui a existé autrefois, que non seulement ils vantent les temps qu'ils ne connaissent que par les écrivains du passé, mais que, devenus vieux, on les entend prôner[2] encore ce qu'ils se souviennent d'avoir vu dans leur jeunesse. Leur opinion est le plus souvent erronée, et pour diverses raisons.

La première, c'est qu'on ne connaît jamais la vérité tout entière sur le passé. On cache le plus souvent les événements qui déshonoreraient un siècle ; et quant à ceux qui sont faits pour l'honorer, on les amplifie, on les raconte en termes pompeux et emphatiques[3]. La plupart des écrivains se laissent si bien subjuguer[4] par le succès des vainqueurs, que, pour rendre leurs triomphes plus éclatants, non seulement ils exagèrent leurs succès, mais la résistance même des ennemis vaincus ; en sorte que les descendants des uns et des autres ne peuvent s'empêcher de s'émerveiller devant de tels hommes, de les louer et de les aimer.

La seconde raison, c'est que les hommes ne haïssent que par crainte ou par envie, deux mobiles qui meurent avec les événements passés, lesquels ne peuvent inspirer ni l'une ni l'autre.

Nicolas Machiavel, « Discours sur la première décade de Tite-Live », *Œuvres complètes*, trad. E. Barincou, livre second, Gallimard, 1952, pp. 509-510.

1 Férus : passionnés.
2 Prôner : faire l'éloge.
3 Emphatiques : exagérés.
4 Subjuguer : séduire.

lire le texte ■

Ils sont tellement férus de ce qui a existé autrefois, que non seulement ils vantent les temps qu'ils ne connaissent que par les écrivains du passé, mais que, devenus vieux, on les entend prôner encore ce qu'ils se souviennent d'avoir vu dans leur jeunesse.

1 Quelles sont les deux formes que prend le culte du passé ?

2 Selon Machiavel, quelle est pour chacune de ces formes la raison qui explique que ce culte soit erroné ?

Leur opinion est le plus souvent erronée, et pour diverses raisons.

3 Énumérez les deux grandes raisons énoncées par Machiavel expliquant cette opinion erronée sur le passé.

4 Pour Machiavel les raisons de notre ignorance sont-elles de nature intellectuelle ou affective ?

La plupart des écrivains se laissent si bien subjuguer par le succès des vainqueurs, que, pour rendre leurs triomphes plus éclatants, non seulement ils exagèrent leurs succès, mais la résistance même des ennemis vaincus [...].

5 En quoi la deuxième exagération est-elle au service de la première ?

La seconde raison, c'est que les hommes ne haïssent que par crainte ou par envie, deux mobiles qui meurent avec les événements passés, lesquels ne peuvent inspirer ni l'une ni l'autre.

6 Quel est le sens du mot *mobile* ? Référez-vous au besoin à l'emploi de ce mot dans les affaires judiciaires.

7 Pourquoi les événements passés ne peuvent-ils pas inspirer la crainte ni l'envie ?

8 Pour analyser ce texte, en combien de séquences faut-il le diviser ? Résumez chacune en une courte phrase.

trouver la problématique ■

9 Cette vision déformée du passé s'explique-t-elle, selon Machiavel, par une intention délibérée ou par une sorte d'illusion d'optique ?

10 Toute illusion sur le passé historique est-elle nécessairement nuisible ?

bilan

vocabulaire

Définissez les termes suivants :

1 relativisme culturel
2 philosophie de l'histoire
3 déterminisme historique
4 contingence
5 valeurs universelles
6 historicité

Expliquez la différence entre les termes suivants :

7 devenir historique – connaissance historique
8 connaître l'histoire – comprendre l'histoire
9 progrès technique – progrès historique
10 comprendre – excuse

connaissances

1 Donnez un exemple illustrant l'idée que les hommes sont faits par l'histoire.
2 En quoi le fait de connaître l'histoire nous sert-il à ne pas la subir ?
3 D'où vient la part de risque propre à l'action des hommes dans l'histoire ?
4 Le souci d'objectivité interdit-il à l'historien de porter des jugements ?
5 Comment peut-on concilier la diversité des cultures et les valeurs universelles des Droits de l'homme ?

texte

L'Histoire est le produit le plus dangereux que la chimie de l'intellect ait élaboré. Ses propriétés sont bien connues. Il fait rêver, il enivre les peuples, leur engendre de faux souvenirs, exagère leur réflexes, entretient leurs vieilles plaies, les tourmente dans leur repos, les conduit au délire des grandeurs ou à celui de la persécution, et rend les nations amères, superbes, insupportables et vaines.
L'Histoire justifie ce que l'on veut. Elle n'enseigne rigoureusement rien, car elle contient tout, et donne des exemples de tout.

Paul Valéry, *Regards sur le monde actuel,* dans *Œuvres,* t. II, Gallimard, coll. « Bibliothèque de la Pléiade », 1960, p. 935.

1 Est-il question dans ce texte de l'histoire en tant que suite des événements ou de l'histoire en tant que récit de ces événements ?
2 Comment l'histoire, dont la vocation est d'être la mémoire des peuples, peut-elle engendrer de *faux souvenirs* ?
3 L'auteur reproche à l'histoire d'entretenir les vieilles plaies. Pensez-vous que, pour aller de l'avant, il faille oublier les blessures passées ?
4 Comment un peuple peut-il à la fois sombrer dans un délire de grandeur et dans un délire de persécution ?
5 En quel sens peut-on dire à la fois que l'histoire contient tout et qu'elle n'enseigne rien ?

Un ordre juste

Pour répartir entre ses membres charges et avantages, la société a recours au droit plutôt qu'à la force.
Et pour que l'ordre ainsi établi puisse être accepté, il doit être juste. S'il n'est avantageux qu'aux puissants, il n'est en effet pas supportable longtemps.
Or comment tomber d'accord sur cette notion de justice, dont tout le monde se réclame ?
Si chacun en a une définition différente, c'est la confusion et le désordre. Et si on en impose une par la contrainte, c'est le règne de la force.
Réfléchir à la question du droit, c'est chercher à sortir de ce cercle vicieux.

Le droit

Photo Jean Bernard.

Cours

La force du droit

Le droit substitue le règne de la règle à l'incertitude des rapports de force. Une société n'est viable que si ses membres ont la conviction que personne ne pourra remettre en cause par la force ou par la ruse la répartition des rôles et des places, des biens et des charges, des obligations et des pouvoirs, et que seront garanties ainsi la stabilité, la régularité, la prévisibilité, donc la sécurité, sans lesquelles aucune entreprise ne peut aboutir.

Le droit peut répondre à ce besoin d'ordre, grâce à ses trois composantes :
– *des règles* – lois ou coutumes – qui délimitent pour chacun le domaine du permis, de l'obligatoire et de l'interdit, et avertissent de ce qu'il en coûte de les enfreindre ;
– *des tribunaux* capables d'arbitrer les litiges en fixant des dédommagements et en infligeant des peines conformément à ces règles ;
– *des moyens humains et matériels* permettant de faire appliquer effectivement ces décisions.

Les pièges de la vengeance

Si ces trois conditions ne sont pas réunies, chacun s'autorisera à évaluer les torts subis, à choisir les représailles, à les exercer lui-même, c'est-à-dire à se venger. On connaît la suite : fureur de la nouvelle victime, contre-vengeance, entrée en scène des proches qui se mêlent au conflit, puis extension de la violence, de proche en proche, comme une maladie contagieuse, à tout le groupe social.

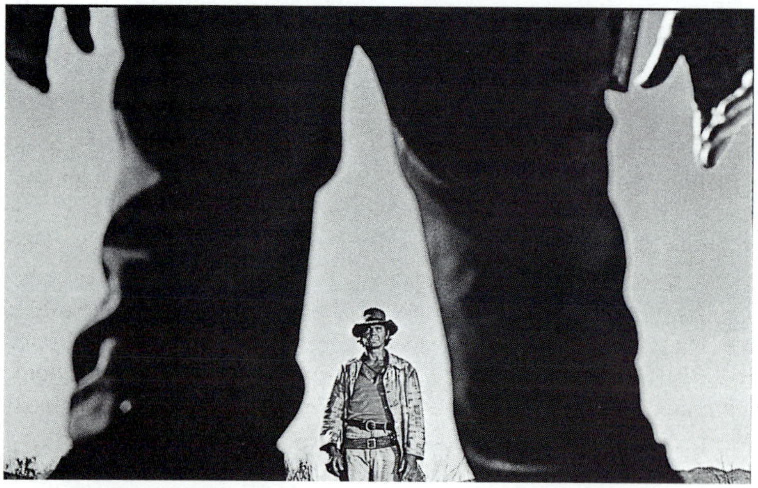

Photo extraite du film *Il était une fois dans l'Ouest*, de Sergio Leone, 1969. Prod. Fulvio Morsella.

Le passage de la barbarie à la civilisation exigeait le remplacement de la vengeance par un système juridique codifié de punitions. Pourtant, il semble que la Bible ait justifié la vengeance avec la fameuse loi du talion : « œil pour œil, dent pour dent ». Mais tel n'est pas le sens de la célèbre formule. Elle représente en fait l'une des premières tentatives pour codifier la violence, pour la mesurer selon des règles, donc pour en limiter les débordements, au lieu de la laisser se déchaîner au gré de chacun (texte 1 p. 130).

Nicolas Poussin (1594-1665), *Le Jugement de Salomon*, 1649 (huile sur toile, 101 × 160 cm) ; Musée du Louvre, Paris.

Le juge, arbitre du jeu social

Pour en finir avec la vengeance, il fallait ôter aux particuliers le pouvoir de se faire juges de leur propre cause, car il n'est pas possible d'être, selon la formule encore en vigueur, à la fois « juge et partie ».

L'acte fondateur du droit est l'intervention d'une tierce personne, le juge, entre les particuliers en conflit. Ce juge est chargé d'examiner les prétentions des parties en présence afin de trancher le litige (texte 2 p. 131). Il suffisait d'être deux pour se faire la guerre ; il faut être trois pour entrer sous le règne du droit. De plus, pour imposer l'exécution de son arbitrage, le juge doit pouvoir disposer d'une force infiniment supérieure à celle d'un particulier, c'est-à-dire de la force de l'État. Enfin, pour que sa position d'arbitre soit acceptée, il faut que le juge soit sans aucune contestation possible indépendant des parties en présence, c'est-à-dire impartial. C'est alors seulement qu'on pourra parler de justice (texte 3 p. 131).

Cela ne signifie pas que le droit a été institué parce que les hommes sont devenus justes. En fait, s'ils ont adopté peu à peu ces principes, c'est qu'il ont vu un intérêt à ne pas se nuire mutuellement et à garantir la sécurité pour les individus et la cohésion pour la collectivité. Peu à peu ces pratiques juridiques, apparues d'abord en Grèce et plus tard à Rome, ont trouvé leur traduction dans l'idée de justice dont les premiers philosophes ont donné une analyse rationnelle (texte 4 p. 132).

Les conditions premières de la justice

Lorsque la maladie frappe une personne en particulier, on se demande pourquoi et on se dit que c'est injuste. Mais l'adjectif « injuste » est ici impropre ; on a affaire à un phénomène naturel qui s'explique par une cause. En revanche, quand le mal résulte d'un acte humain, il faut en chercher les justifications. S'il n'y en a pas, on peut alors parler d'injustice.

Ainsi, quand plusieurs individus ont commis une faute identique, on trouvera injuste le fait de punir l'un d'eux plus sévèrement que les autres. Si les victimes d'une catastrophe ont subi les même préjudices, on estimera injuste d'attribuer à l'une d'elles un dédommagement inférieur aux autres. Dans tous ces cas, le principe d'égalité de traitement auquel on se réfère peut s'énoncer ainsi : « Il faut traiter des cas semblables d'une façon semblable. »

Ce principe semble incontestable, parce qu'il est rationnel. En effet il serait arbitraire – c'est-à-dire qu'il n'y aurait aucune raison – que des cas semblables reçoivent un traitement différent. Nous appelons impartiale la décision du juge qui n'a pas tenu compte des personnes pour peser les torts des uns et des autres, pour dédommager une victime ou pour punir un coupable. L'égalité de traitement constitue donc le premier principe de justice.

Mais il y a des cas où il serait injuste de réserver à tous le même traitement. Dans une famille, ce qui est juste ce n'est pas de donner la même part d'argent de poche à chaque enfant, mais au contraire de le distribuer à proportion de l'âge et des besoins. De même, dans une entreprise, il semble évident de répartir les responsabilités et les rémunérations en fonction de la tâche accomplie et des compétences. L'idée de proportionnalité vient compléter le fondement de la justice.

Avec ces règles de l'égalité et de la proportionnalité dégagées par Aristote, on dispose de principes incontestables qui assurent une punition juste, un dédommagement et une répartition équitables.

Mais ces deux règles sont insuffisantes pour dicter une décision juste car elles n'ont aucun contenu précis. La règle de l'égalité permet de dire par exemple que deux personnes qui ont commis le même vol doivent recevoir le même châtiment. Mais elle ne nous dit rien sur la nature d'un juste châtiment du vol : amende, prison, mutilation, peine capitale ?

De même, avec la règle de la proportionnalité, on sait que les châtiments doivent être proportionnels à la gravité du délit. Mais cela ne nous dit pas comment on doit mesurer cette gravité. Ou encore, comment décidera-t-on si un salarié doit être rémunéré en fonction de ses mérites ou de ses besoins, de ses aptitudes ou de l'utilité des services qu'il rend ? Et si l'on pense qu'il faut combiner ces critères, quelle importance faut-il accorder alors à chacun d'eux (texte 5 p. 132) ?

La loi, c'est la loi !

Certains estiment que répondre à toutes ces questions, c'est émettre des jugements de valeur sur lesquels un accord général est impossible, parce que ce ne sont que des opinions relatives aux circonstances diverses et changeantes : sensibilité de l'époque, habitudes culturelles, appartenance religieuse, différences d'intérêts, etc. Il n'y a donc pas, pour les partisans de ce relativisme, de définition universelle de la justice. Pour autant, ceux-ci n'ignorent pas que la société a besoin que soient adoptées des valeurs ou des normes juridiques et qu'on s'y tienne.

C'est pourquoi, selon ce point de vue, au lieu de chercher en vain l'idée philosophique de justice, mieux vaut se contenter d'une convention : on appellera juste ce qui est contenu dans le droit positif, c'est-à-dire les lois établies. Selon ce point de vue, adopté par Hobbes, et qu'on appelle aujourd'hui le positivisme juridique, une décision juste est celle qui applique les lois en vigueur.

Cette conception a un double mérite : d'une part elle soustrait l'idée de justice à des polémiques interminables et permet aux tribunaux d'opérer de façon efficace ; d'autre part elle assure chaque citoyen que son sort ne dépend pas des opinions de son juge, car celui-ci doit se borner à appliquer la règle édictée par le législateur.

Le droit ne se réduit pas à la loi

Mais cette assimilation de la justice avec les lois positives soulève plusieurs objections. D'abord, la loi étant par définition générale, elle ne peut prévoir tous les cas qui peuvent se présenter. D'ailleurs le magistrat, dans sa pratique quotidienne, au lieu d'appliquer mécaniquement un règlement, doit faire preuve d'équité, c'est-à-dire que face à un cas qui n'a pas été prévu par la loi, il doit se demander dans quel esprit le législateur aurait tranché, s'il avait été confronté à cette situation.

Une seconde raison nous interdit d'assimiler simplement le droit avec les lois établies. Lorsque les lois sont manifestement inhumaines, le sentiment de justice nous commande de leur désobéir. C'est le cas qui s'est présenté lorsque l'État français de Vichy a adopté en 1940 une législation antijuive. De même, en 1945, on a jugé à Nuremberg les

auteurs de crimes contre l'humanité, crimes qui avaient pourtant été commis légalement, c'est-à-dire en toute conformité avec le droit positif du Troisième Reich. La conformité à la loi ne définit que la légalité. Mais ce qui est légal n'est pas toujours légitime, c'est-à-dire conforme à ce qu'exige la conscience morale.
Enfin, il est un domaine dans lequel on ne peut se fonder sur des lois étatiques, c'est celui du droit international. En effet, il n'existe pas d'État mondial capable d'imposer une législation commune. Mais cela n'a pas empêché les différents États de trouver peu à peu un accord sur quelques principes généraux du droit applicables au commerce, à la navigation ou à la guerre. Malgré les obstacles évidents auxquels se heurte le droit international, il n'est pas interdit d'espérer que ce droit finira par s'imposer. Ainsi, des institutions supranationales pourraient adopter des principes juridiques permettant d'empêcher un État de massacrer ses propres ressortissants.

Un point de vue moral sur le droit

Nous avons vu que le droit ne se réduit pas au respect des lois quand elles sont trop générales, quand elles sont inhumaines et là où elles sont absentes. Mais c'est admettre qu'au-dessus des lois, c'est-à-dire au dessus du droit positif, il existe un droit supérieur, et qui doit l'emporter pour des raisons morales (texte 6 p. 133).
Selon certains philosophes, ce droit supérieur, ou droit naturel, est inscrit au fond de la conscience de chacun et il est immuable.
Mais s'il existe un tel droit naturel, objectera-t-on, pourquoi les peuples ont-ils adopté des législations différentes ? A cela on peut répondre qu'il y a, au-delà des législations différentes et particulières, quelques principes fondamentaux qui, même s'ils ne sont pas encore adoptés partout, ont vocation à être universellement reconnus. Cela ne signifie pas qu'on peut déduire de ces principes tout le détail des lois particulières propres à chaque pays et à chaque époque. Il n'en reste pas moins que ces principes du droit naturel, tels qu'on peut en trouver une formulation dans la Déclaration universelle des droits de l'homme, énoncent les impératifs absolus qu'aucun droit particulier ne peut violer sans tomber dans l'injustice. Ils constituent le critère d'évaluation morale du droit existant.

Dans les rapports humains, il y a d'un côté la proximité qui réunit les amis entre eux et, à l'opposé, l'indifférence ou la haine réciproque des ennemis qui se combattent en s'ignorant. Entre ces deux extrêmes, le droit a institué une juste distance, respectueuse de l'autre et propice à la communication, au débat contradictoire et à la solution pacifique des conflits (texte 7 p. 133). Ce sont ces valeurs qui font du droit une composante essentielle de l'humanisme.

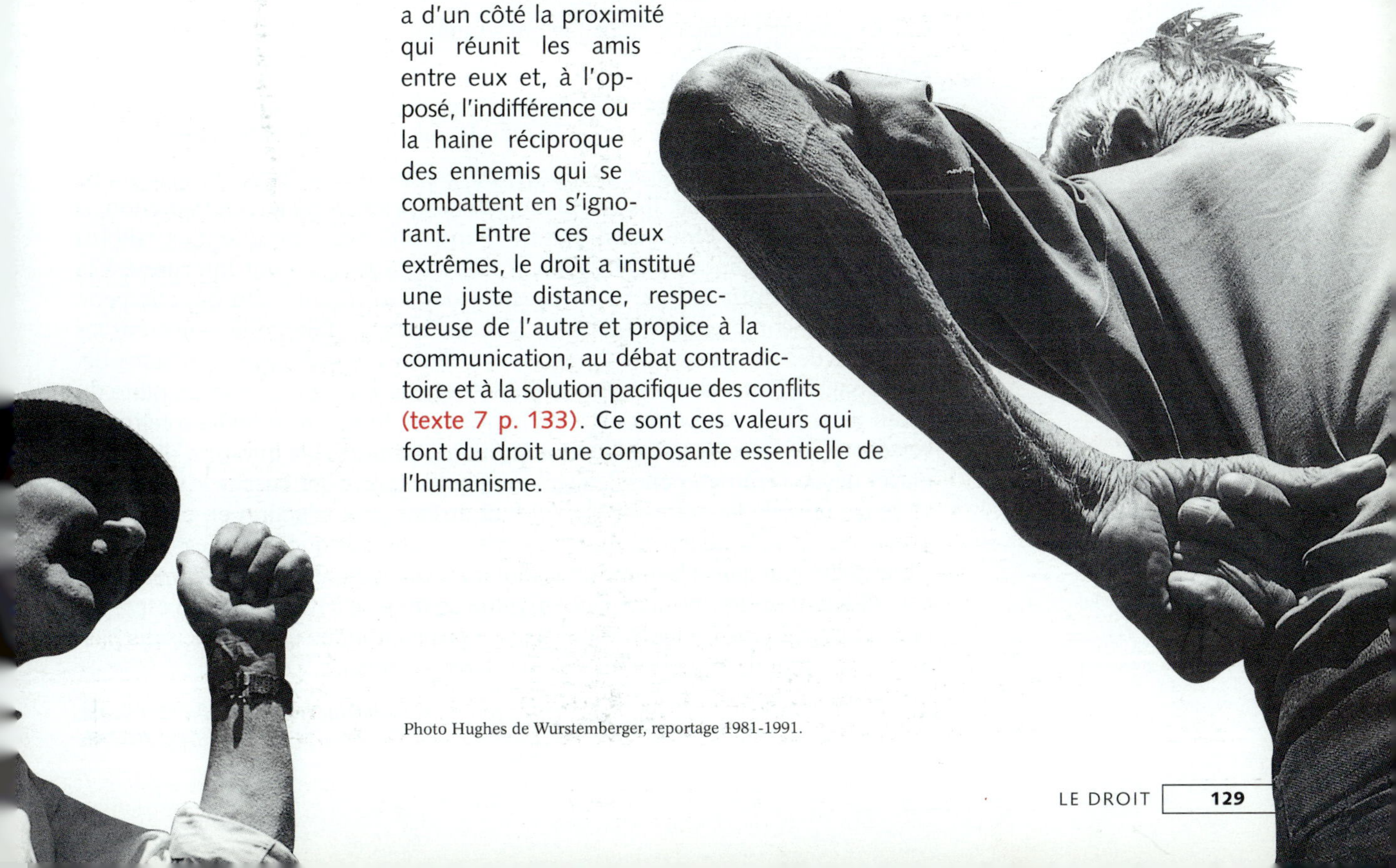

Photo Hughes de Wurstemberger, reportage 1981-1991.

Les idées dans le texte

TEXTE 1 — EMMANUEL LÉVINAS, 1976

La vraie signification de la loi du talion

« [...] fracture pour fracture, œil pour œil, dent pour dent ; selon la lésion qu'il aura faite à autrui, ainsi lui sera-t-il fait. (...) Même législation vous régira, étrangers comme nationaux ; car je suis l'Éternel, votre Dieu à tous. » (Lévitique 24, 20-22.)

Cet extrait de la Bible, connu sous le nom de loi du talion est généralement mal compris. Ceux qui sont favorables à la vengeance y voient une justification religieuse de celle-ci, ceux qui sont hostiles à la vengeance condamnent comme barbares ce texte et l'état d'esprit qu'il est censé refléter. Emmanuel Lévinas nous en propose une autre interprétation.

Fracture pour fracture ! Sévères paroles mais nobles d'exigence. Dans leur rigueur, elles commandent de très haut. Admirons-en la fin, du moins, qui énonce l'unité du genre humain. Ce message d'universalisme n'a pas attendu pour retentir dans l'espace que l'industrie à l'échelle mondiale nous révèle ou nous impose la solidarité humaine. Une loi unique pour tous, voilà le principe que l'Ancien Testament, se moquant de redites, nous redit près de cinquante fois, dans les lignes pourtant si concises, si comptées de son premier Rouleau. Comment supposer, dès lors, qu'une pensée qui, à l'époque des tribus et des clans, s'éleva à la vision de l'humanité, ait pu en rester à la loi du maquis ? Je voudrais vous montrer la sagesse qui s'exprime dans ces mots mystérieux et le drame auquel elle répond.

Car il existe un drame de la justice qui s'humanise.

Dent pour dent, œil pour œil – ce n'est pas le principe d'une méthode de terreur ; ce n'est pas un froid réalisme qui pense à l'action efficace et méprise les effusions sentimentales réservant la morale aux enfants de patronages (...).

Rassurez-vous. Le principe d'apparence si cruel que la Bible énonce ici ne recherche que la justice. Il s'insère dans un ordre social où aucune sanction, si légère soit-elle, ne s'inflige en dehors d'une sentence juridique. Les rabbins n'ont jamais appliqué ni compris à la lettre ce texte. Ils l'ont interprété à la lumière de l'esprit qui parcourt la Bible dans sa totalité. On appelle cette méthode de comprendre : Talmud[1]. Les docteurs du Talmud devancèrent les scrupules des modernes : dent pour dent – est une peine d'argent, une amende. Le passage relatif aux dommages matériels que la Bible exige pour la perte du bétail ne voisine pas pour rien avec le précepte du talion. Il invite à relire les versets relatifs aux blessures faites à l'homme, comme si la question des dommages devait l'emporter chez le juge sur la noble colère que suscite le méfait. La violence appelle la violence. Mais il faut arrêter cette réaction en chaîne. La justice est ainsi. Telle est du moins sa mission une fois que le mal est commis. L'humanité naît dans l'homme à mesure où il sait réduire les offenses mortelles à des litiges d'ordre civil, à mesure où punir se ramène à réparer ce qui est réparable et à rééduquer le méchant. Il ne faut pas à l'homme une justice sans passion seulement. Il nous faut une justice sans bourreau.

Emmanuel Lévinas, *Difficile Liberté*, Albin Michel, 1976, pp. 194-196.

1 Talmud : mot hébreu désignant l'enseignement des grands rabbins.

■ TEXTE 2 ■ JULIEN FREUND, 1972

L'importance de la procédure

Le domaine juridique passe pour exagérément pointilleux sur les questions de forme. Le respect minutieux de la procédure est accusé de ralentir les procès et de noyer le profane dans des formalités inutiles. La procédure judiciaire a-t-elle un sens et une utilité ?

[...] il n'y a guère de difficultés à définir le moyen propre du droit : il consiste en ce que l'on appelle la procédure. A une époque qui se divertit à justifier la violence et la terreur, le terme a pris une signification péjorative, au point que l'on n'essaie même plus de comprendre ce qu'il implique, alors qu'il s'agit d'un moyen essentiel et relativement juste de régler un certain nombre de conflits. Nous entendons ici la notion de procédure au sens large de l'ensemble des formalités à observer dans l'accomplissement d'un acte juridique pour en garantir la rectitude, l'impartialité et la validité. Il en résulte que l'acte juridique est une œuvre de patience, qui se donne le temps de faire les investigations nécessaires pour rassembler tous les éléments susceptibles d'éclairer l'appréciation et d'éviter un jugement non fondé. [...]

Il s'agit, en effet, de se préserver de l'arbitraire des impulsions, des préventions personnelles et de tout jugement hâtif. La spontanéité, en même temps qu'elle n'est le plus souvent qu'ostentation[1], irait à l'encontre du but poursuivi. D'où la particularité de la logique juridique qui, parce qu'elle vise à une imputation[2] aussi précise et juste que possible, se fonde sur des débats contradictoires, des controverses afin que tous les arguments pour et contre puissent s'exprimer librement et éduquer l'opinion des instances compétentes avant de prendre la décision la plus adéquate : non-lieu, arbitrage, conseil pour arrangement à l'amiable, procès avec condamnation ou acquittement, etc. L'équité exige en effet qu'on n'écoute pas seulement la loi, mais qu'on s'informe de toutes les circonstances et de tous les éléments qui déterminent la particularité de la cause qui fait l'objet des débats. Tout cet ensemble de formalités, avec ses référés, recours, [...] expertise, appel et aussi la sentence font partie du droit. D'où l'erreur de vouloir le réduire uniquement à un ensemble de lois.

Julien Freund, *Le Droit aujourd'hui*, PUF, 1972, p. 86.

1 Ostentation : mise en valeur excessive.
2 Imputation : le fait de mettre une action sur le compte de quelqu'un.

■ TEXTE 3 ■ LOCKE, 1690

Pourquoi a-t-on besoin de juges ?

L'expérience du droit, mais aussi des jeux, des sports et des compétitions diverses, nous montre que, lorsque nous sommes dans une situation de rivalité, seule l'intervention d'un arbitre est susceptible de déboucher sur une solution pacifique. Mais au fond pourquoi une personne étrangère à nos désaccords serait-elle mieux placée que nous-mêmes pour leur trouver une issue ?

[...] dans l'état de la nature[1], il manque un juge reconnu, qui ne soit pas partial, et qui ait l'autorité de terminer tous les différends, conformément aux lois établies. Car, dans cet état-là, chacun étant juge et revêtu du pouvoir de faire exécuter les lois de la nature, et d'en punir les infracteurs[2], et les hommes étant partiaux, principalement lorsqu'il s'agit d'eux-mêmes et de leurs intérêts, la passion et la vengeance sont fort propres à les porter bien loin, à les jeter dans de funestes extrémités et à leur faire commettre bien des injustices ; ils sont fort ardents lorsqu'il s'agit de ce qui les regarde, mais fort négligents et fort froids, lorsqu'il s'agit de ce qui concerne les autres : ce qui est la source d'une infinité d'injustices et de désordres.

John Locke, *Traité du gouvernement civil*, trad. D. Mazel, Garnier-Flammarion, 1992, p. 237.

1 L'état de la nature : situation dans laquelle les hommes se trouveraient si aucune institution sociale n'existait.
2 Infracteur : celui qui enfreint, qui ne respecte pas la loi.

■ TEXTE 4 ■ ALAIN, 1923

Le droit et la force

Si, au cours d'un match, une mêlée générale survient à la suite d'une décision contestable de l'arbitre, c'est lui qu'on rendra responsable. Pour maintenir l'ordre, estime-t-on, il faut au préalable établir la justice. Mais c'est oublier que chacun ayant son avis sur ce qui est juste, il ne resterait dans ce cas que la force pour départager les points de vue opposés.

Où donc la justice ? En ceci que le jugement ne résulte point des forces, mais d'un débat libre, devant un arbitre qui n'a point d'intérêts dans le jeu. Cette condition suffit, et elle doit suffire parce que les conflits entre les droits sont obscurs et difficiles. Ce qui est juste, c'est d'accepter d'avance l'arbitrage ; non pas l'arbitrage juste, mais l'arbitrage. L'acte juridique essentiel consiste en ceci que l'on renonce solennellement à soutenir son droit par la force. Ainsi ce n'est pas la paix qui est par le droit ; car, par le droit, à cause des apparences du droit, et encore illuminées par les passions, c'est la guerre qui sera, la guerre sainte ; et toute guerre est sainte. Au contraire, c'est le droit qui sera par la paix, attendu que l'ordre du droit suppose une déclaration préalable de paix, avant l'arbitrage, pendant l'arbitrage et après l'arbitrage, et que l'on soit content ou non. Voilà ce que c'est qu'un homme pacifique. Mais l'homme dangereux est celui qui veut la paix par le droit, disant qu'il n'usera point de la force, et qu'il le jure, pourvu que son droit soit reconnu. Cela promet de beaux jours.

Alain, « Le droit par la paix », dans *Propos*, I, Gallimard, coll. « Bibliothèque de la Pléiade ».

■ TEXTE 5 ■ LÉVY-BRUHL, 1910

Ce que le principe de justice ne dit pas

Les principes généraux de la justice semblent clairs : « Il ne faut pas nuire à autrui. » Mais alors il ne faut pas porter plainte contre un escroc : il considérerait que vous lui nuisez. De même, « il faut tenir ses engagements ». Mais alors l'armurier doit-il vendre une arme à une personne aux intentions douteuses ? Pourquoi ce qui paraît évident en théorie se brouille-t-il devant des cas concrets ?

Dans une société où les castes existent, la justice consiste à traiter chacun selon sa caste, le brahmane[1] en brahmane, le paria[2] en paria ; chez un grand nombre de peuples à demi civilisés, à regarder les enfants du sexe féminin comme une charge importune, les femmes comme des bêtes de somme ; dans la société féodale, à prendre le vilain pour une matière taillable et corvéable à merci. Même dans les sociétés les plus développées, certaines applications de cette formule de la justice peuvent provoquer les protestations d'un petit nombre de consciences, tandis que les autres n'en sont point troublées. L'industriel qui juge qu'il ne gagne plus assez d'argent peut fermer d'un jour à l'autre son usine, et penser qu'il ne « fait tort à personne », puisqu'il a payé à ses ouvriers, maintenant sur le pavé, le travail fourni par eux jusqu'à ce jour. Au milieu du XIXe siècle, lors du développement rapide des manufactures en Angleterre, et de l'horrible consommation qui fut faite d'enfants et de femmes travaillant dans les usines jusqu'à seize et dix-huit heures par jour, il ne semble pas que les patrons aient eu conscience de violer la règle de la justice : *suum cuique tribuere*[3]. Ne payaient-ils pas le salaire convenu ?

Ces formules, prises abstraitement, n'ont donc pas la vertu qu'on leur attribue d'exprimer en tout temps et en tout lieu l'essence éternelle de la justice. Considérées en elles-mêmes, elles sont vides.

Lucien Lévy-Bruhl, *La Morale et la Science des mœurs*, Félix Alcan, 1927, pp. 216-217.

1 Brahmane : membre de la caste des prêtres, la plus haute caste en Inde.

2 Paria : membre hors caste, au plus bas degré de l'échelle sociale en Inde.

3 *Suum cuique tribuere* : attribuer à chacun ce qui lui revient.

■ TEXTE 6 ■ LEO STRAUSS, 1953

Le droit naturel, une idée toujours neuve

L'idée d'un droit naturel se heurte à de multiples objections : les lois qui ont paru naturelles aux uns semblent étranges aux autres ; le droit positif varie en fonction de l'évolution des sociétés. Refuser cette relativité du droit, n'est-ce pas faire preuve du même préjugé que le Parisien de Montesquieu s'écriant : « Comment peut-on être Persan ? » Leo Strauss plaide ici malgré tout en faveur du droit naturel.

Rejeter le droit naturel revient à dire que tout droit est positif, autrement dit que le droit est déterminé exclusivement par les législateurs et les tribunaux des différents pays. Or il est évident qu'il est parfaitement sensé et parfois même nécessaire de parler de lois ou de décisions injustes. En passant de tels jugements, nous impliquons qu'il y a un étalon[1] du juste et de l'injuste qui est indépendant du droit positif et lui est supérieur : un étalon grâce auquel nous sommes capables de juger le droit positif. Bien des gens aujourd'hui considèrent que l'étalon en question n'est tout au plus que l'idéal adopté par notre société ou notre « civilisation » tel qu'il a pris corps dans ses façons de vivre ou ses institutions. Mais, d'après cette même opinion, toutes les sociétés ont leur idéal, les sociétés cannibales pas moins que les sociétés policées. Si les principes tirent une justification suffisante du fait qu'ils sont reçus dans une société, les principes du cannibale sont aussi défendables et aussi sains que ceux de l'homme policé. De ce point de vue, les premiers ne peuvent être rejetés comme mauvais purement et simplement. Et puisque tout le monde est d'accord pour reconnaître que l'idéal de notre société est changeant, seule une triste et morne habitude nous empêcherait d'accepter en toute tranquillité une évolution vers l'état cannibale. S'il n'y a pas d'étalon plus élevé que l'idéal de notre société, nous sommes parfaitement incapables de prendre devant lui le recul nécessaire au jugement critique. Mais le simple fait que nous puissions nous demander ce que vaut l'idéal de notre société montre qu'il y a dans l'homme quelque chose qui n'est point totalement asservi à sa société et par conséquent que nous sommes capables, et par là obligés, de rechercher un étalon qui nous permette de juger de l'idéal de notre société comme de toute autre.

Leo Strauss, *Droit naturel et Histoire*,
trad. M. Nathan et E. de Dampierre, Plon, 1954, pp. 14-16.

1 Étalon : repère fixe qui permet de prendre une mesure. Par exemple, le mètre est l'étalon pour la mesure des longueurs.

■ TEXTE 7 ■ PAUL RICŒUR, 1991

L'acte de juger

C'est le rôle premier des tribunaux de départager les hommes en trouvant, conformément au droit, des compromis entre intérêts divergents. Mais, au-delà de ce rôle pacificateur, leur action sur la société n'a-t-elle pas un effet plus profond ?

Je pense qu'un acte de juger a atteint son but lorsque celui qui a, comme on dit, gagné son procès se sent encore capable de dire : mon adversaire, celui qui a perdu, demeure comme moi un sujet de droit ; sa cause méritait d'être entendue ; il avait des arguments plausibles et ceux-ci ont été entendus. Mais la reconnaissance ne serait complète que si la même chose pouvait être dite par celui qui a perdu, celui à qui on a donné tort, le condamné ; il devait pouvoir déclarer que la sentence qui lui donne tort n'était pas un acte de violence mais de reconnaissance.

Photo Hervé Gloaguen, 1979.

Dans l'espace social balisé par les règles juridiques, chacun choisit son propre parcours.

A quelle vision de la société cette réflexion nous conduit-elle ? Un peu plus loin, me semble-t-il, que la conception de la société comme distribuant des parts qu'il s'agirait toujours de départager afin de déterminer ce que sont la part de l'un et de l'autre. [...] La question mérite en effet d'être posée : qu'est-ce qui fait de la société quelque chose de plus qu'un système de distribution ? Ou mieux : qu'est-ce qui fait de la distribution un organe de la coopération ? C'est ici qu'il faut faire entrer en ligne de compte une composante plus substantielle que la pure procédure de justice, à savoir quelque chose comme un bien commun, consistant en valeurs partagées ; on aurait affaire là à la dimension purement procédurale de la structurale sociétale. Peut-être d'ailleurs trouverait-on dans la métaphore du partage les deux aspects que j'essaie ici de coordonner ; dans partage il y a part, à savoir ce qui nous sépare : ma part n'est pas votre part ; mais le partage, c'est aussi ce qui nous fait partager, c'est-à-dire, au sens fort du mot : prendre part...

J'estime donc que l'acte de juger a pour horizon un équilibre fragile entre les deux composantes du partage : ce qui départage ma part de la vôtre, et ce qui, d'autre part, fait que chacun de nous prend part à la société.

Paul Ricœur, « L'acte de juger »,
dans *Esprit*, juillet 1992.

Les idées par les mots

Les principes de justice

L'absence de justice, c'est l'**arbitraire**, ou encore ce qui n'a aucune justification, ce qui dépend seulement de préférences personnelles imprévisibles.

Malgré les apparences, ce mot ne qualifie pas le rôle de l'**arbitre**. Ce dernier ne doit pas agir de façon arbitraire ; au contraire, en cas de **litige** il doit départager les **parties** en désaccord ; il doit savoir trancher un différend avec **impartialité**, c'est-à-dire rendre un **arbitrage** sans préjugé ni faveur.

Le mot « **justice** » a deux sens principaux.

Il désigne d'une part **l'idée de justice** sur laquelle doit se fonder le droit. Celle-ci repose sur le principe d'égalité de traitement et sur celui de distribution proportionnelle. Ce même mot désigne aussi par extension la **vertu** de celui qui a l'habitude de prendre des décisions justes.

Le mot « justice » désigne d'autre part l'**institution** chargée de rendre la justice : l'**autorité judiciaire**. Celle-ci comprend les magistrats chargés de juger selon les **règles juridiques** ou règles du droit. C'est en ce sens qu'on parle du ministère de la Justice.

Les différents sens du mot « droit »

Le mot « **droit** » a lui aussi plusieurs sens.

Avoir le droit de faire telle chose, c'est estimer que c'est conforme aux exigences de la morale.

Mais, dans le domaine juridique, **avoir un droit**, c'est posséder le pouvoir de faire quelque chose, selon **le droit**, c'est-à-dire les lois en vigueur.

Les **lois** sont les règles générales de la vie sociale. Elle sont établies par une autorité reconnue, le pouvoir législatif. Elles s'adressent indifféremment à tout citoyen pour déterminer ce qui est interdit, ce qui est permis et enfin ce qui est obligatoire.

S'il apparaît qu'une application stricte de la loi conduit à une injustice, on fait appel à l'**équité**, qui consiste à juger selon l'**esprit** de la loi, c'est-à-dire selon l'intention du législateur plutôt que selon la **lettre** de la loi, c'est-à-dire ce que les textes prévoient.

Les obligations et les sanctions

Les règles de droit imposent des **obligations**. On peut toujours choisir de les enfreindre ou de les respecter. C'est pourquoi, dans le domaine du droit et de la morale, on ne doit pas employer le mot *obligation* pour désigner une action exécutée sous la contrainte (en toute rigueur, on ne dira pas « Les bandits l'ont *obligé* à ouvrir le coffre » mais « Les bandits l'ont *contraint*... »).

Mais, à la différence des obligations morales, les obligations juridiques ne sont pas de simples conseils. Si on ne les respecte pas, on encourt une sanction.

La **responsabilité civile** signifie qu'on doit **réparer** les dommages qu'on a fait subir, volontairement ou non, à un tiers. La **responsabilité pénale** signifie qu'on encourt des **peines** si on a commis des **délits** ou des **crimes**.

Droit naturel et droit positif

Certains droits essentiels, tels que ceux qui figurent dans la Déclaration des droits de l'homme, constituent le **droit naturel**, c'est-à-dire un droit que chaque homme possède naturellement, du simple fait qu'il est né homme, un droit dont aucune autorité politique, aucune loi ne peut le priver.

Le **droit positif**, au contraire, est le droit existant à un moment donné, dans un pays donné, tel qu'il a été établi par les autorités compétentes (par exemple : depuis 1993, en France, on n'a plus le droit de fumer dans les lieux publics).

Le plus ancien débat philosophique sur le droit oppose ceux qui estiment que les principes du droit naturel priment sur une loi qui les violerait aux partisans du **positivisme juridique**. Pour ces derniers toute loi doit être respectée parce que c'est une loi, quel que soit le jugement moral qu'on peut porter sur elle.

Les Droits de l'homme et du citoyen

La Déclaration de 1789 proclamait les **droits de l'homme** (qui garantissent la liberté pour chacun de mener sa vie privée comme il l'entend) et les **droits du citoyen** (qui donnent à chacun le **pouvoir** d'influer sur la politique de son gouvernement).

A ces droits, la Déclaration universelle de 1948 a ajouté les **droits économiques et sociaux** comme le droit au travail, à l'éducation, à la santé et la garantie d'un revenu minimal.

Lecture en questions

JEAN PIAGET, 1932

Le Jugement moral chez l'enfant

Selon quels critères estimons-nous qu'un acte mérite d'être condamné ? Le psychologue Jean Piaget a étudié la façon dont les enfants arrivent peu à peu à concevoir l'idée de responsabilité. Pour cela, il a imaginé deux histoires différentes présentant chacune un enfant commettant une bêtise. Puis, ayant raconté ces deux histoires à des enfants de six à neuf ans, il leur a demandé de lui dire dans laquelle l'enfant avait été « le plus vilain ». Voici les deux histoires et des extraits de dialogues entre des enfants et le psychologue.

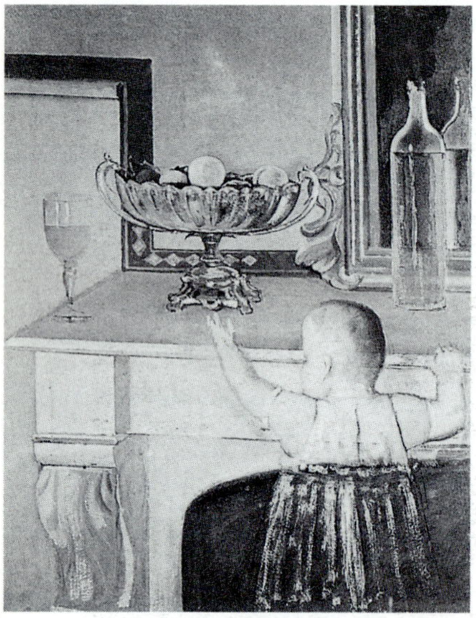

Balthus, *L'Enfant gourmand*, 1937-1938 (huile sur toile, 92 × 73 cm) ; coll. part.

L'histoire des tasses cassées

version a.

Un petit garçon, qui s'appelle Jean, est dans sa chambre. On l'appelle pour dîner. Il entre dans la salle à manger. Mais derrière la porte il y avait une chaise. Sur la chaise il y avait un plateau et sur ce plateau il y avait quinze tasses. Jean ne pouvait pas savoir qu'il y avait tout cela derrière la porte. Il entre : la porte heurte le plateau, et patatra, les quinze tasses sont cassées.

version b.

Il y avait une fois un petit garçon qui s'appelait Henri. Un jour que sa maman n'était pas là, il voulut prendre de la confiture dans l'armoire. Il est monté sur une chaise et il a tendu le bras. Mais la confiture était trop haute et il n'a pas pu l'attraper pour en manger. Seulement, en essayant de la prendre, il a accroché une tasse. La tasse est tombée et elle s'est cassée.

A propos de [ce couple d'histoires] nous posons deux questions : 1. Ces enfants sont-ils également coupables (ou, comme disent les petits Genevois, « la même chose vilains »), ou bien l'un est-il plus coupable que l'autre ? 2. Lequel des deux est le plus vilain et pourquoi ? Il va de soi que ces deux questions donnent lieu chacune à une conversation plus ou moins nourrie, suivant la réaction de l'enfant. En outre, il est prudent de faire répéter au sujet les deux histoires avant de l'interroger : la manière dont l'enfant les reproduit est seule à même de montrer s'il les a bien comprises.

Géo (6 ans) : « Tu as bien compris ces histoires ? – *Oui.* – Le premier qu'est-ce qu'il a fait ? – *Il a cassé onze tasses.* – Et le second ? – *Il a brisé une tasse par un brusque mouvement.* – Pourquoi le premier a cassé les tasses ? – *Parce que la porte a tapé.* – Et le second ? – *Il a fait un faux mouvement. Quand il a cherché la confiture, la tasse est tombée.* – Est-ce qu'il y en a un de plus vilain que l'autre ? – *Le premier parce qu'il a fait tomber douze tasses.* – Si tu étais le papa, lequel tu punirais le plus ? – *Celui qui a cassé douze tasses.* – Pourquoi il les a cassées ? – *C'est la porte qui a fermé trop fort, qui a tapé. Il n'a pas fait exprès.* – Et le second, pourquoi il a cassé une tasse ? – *Il voulait prendre de la confiture. Il a fait un trop gros mouvement. La tasse s'est brisée.* – Pourquoi il voulait prendre de la confiture ? – *Parce qu'il était tout seul. Il a profité pendant que sa maman n'était pas là.* – Tu as un frère ? – *Non, une petite sœur.* – Eh bien ! si c'était toi qui avais cassé les douze tasses en entrant dans la chambre et ta petite sœur une tasse en cherchant de la confiture, qui est-ce qu'on punirait le plus ? – *C'est moi, parce que j'ai cassé plus qu'une tasse.* »

Schma (6 ans) : « Tu as bien compris les histoires ? Raconte-les moi pour voir ! – *Un enfant est appelé pour dîner. Il y a quinze assiettes sur un plateau. Il savait pas. Il ouvre la porte. Il casse quinze assiettes.* – Très bien. Et la seconde histoire ? – *Il y avait un enfant, et puis cet enfant a voulu aller chercher de la confiture. Il se met sur une chaise, il accroche une tasse, et puis elle se casse.* – Ils sont tous les deux vilains, ces enfants, ou pas vilains la même chose ? – *Les deux vilains la même chose.* – Tu les punirais la même chose ? – *Non. Celui qui a cassé quinze assiettes.* – Il est plus vilain ou moins vilain que l'autre ? – *Un peu plus vilain. Il a cassé quinze assiettes.* – Pourquoi il les a cassées ? – *Parce qu'il savait pas qu'il y avait quinze assiettes.* – Et l'autre, tu le punirais plus ou moins ? – *Le premier, il a cassé beaucoup de choses, l'autre moins.* – Comment tu les punirais ? – *Celui qui a cassé les quinze tasses : deux gifles. L'autre : une !* »

Allégorie de la Justice,
d'après Andrea del Sarto (1576-1650).

Constance (7 ans) : « Raconte-moi ces deux histoires. – *Il y avait une chaise dans la salle à manger, avec des tasses. Un garçon ouvre la porte. Toutes les tasses sont cassées.* – Et l'autre histoire ? – *Un petit garçon veut prendre de la confiture. Il veut prendre une tasse, qui se casse.* – Si tu étais la maman, lequel tu punirais le plus ? – *Celui qui a cassé les tasses.* – C'est le plus vilain ? – *Oui.* – Pourquoi il les a cassées ? – *Parce qu'il a voulu entrer dans la chambre.* – Et l'autre ? – *Parce qu'il a voulu prendre de la confiture.* – On dira que tu es la maman. Tu as deux petites filles. L'une casse quinze tasses en entrant dans la chambre pour dîner, l'autre casse une tasse

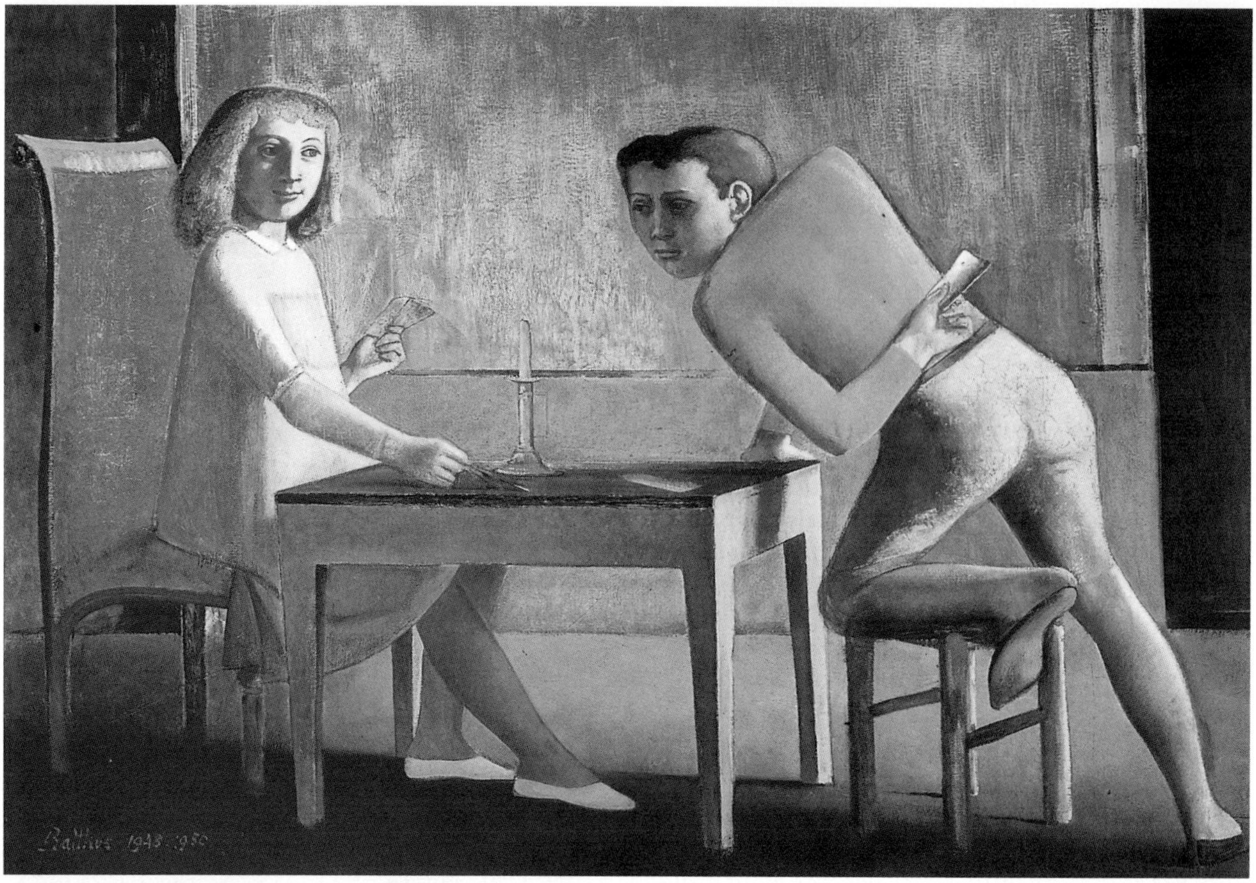

Balthus, *La Partie de cartes,* 1948-1950
(huile sur toile, 140 × 194 cm) ;
coll. Thyssen-Bornemisza, Madrid.

en cherchant de la confiture quand tu n'es pas là. Laquelle tu punirais le plus ? – *Celle qui a cassé les quinze tasses.* [...] – Tu as déjà cassé quelque chose ? – *Une tasse.* – Comment ? – *Je voulais l'essuyer et je l'ai laissé tomber.* – Qu'as-tu encore cassé ? – *Une autre fois une assiette.* – Comment ? – *Je l'ai prise pour m'amuser.* – Qu'est-ce qui était le plus vilain des deux ? – *L'assiette parce que je devais pas la prendre.* – Et la tasse ? – *Moins vilain, parce que je voulais l'essuyer.* – Pour quoi t'a-t-on punie le plus, pour la tasse ou pour l'assiette ? – *Pour l'assiette.* – Écoute, je vais encore te raconter deux histoires. Une petite fille essuyait des tasses. Elle les rangeait, en les essuyant avec le linge, et elle casse cinq tasses. Une autre petite fille joue avec des assiettes. Elle casse une assiette. Laquelle est la plus vilaine ? – *Celle qui a cassé les cinq tasses.* – Laquelle tu punirais le plus ? – *Celle qui a cassé les cinq tasses.* » [...]

Schma (6 ans 1/2, fillette avancée au point de vue intellectuel et qui a l'allure d'une fille de 8 ans) : [Elle] commence par nous dire que les deux garçons de l'histoire sont « *les mêmes vilains* » et qu'il faut les punir « *les deux la même chose* ». « Moi je trouve qu'un des deux est plus vilain que l'autre. Lequel est-ce ? – *C'est la même chose.* – Tu n'as jamais rien cassé ? – *Non, moi rien. C'est mon frère.* – Qu'est-ce qu'il a cassé ? – *Une tasse et un seau.* – Comment ? – *Il a voulu aller pêcher. Il a cassé la moitié de mon seau. Puis après il l'a cassé encore exprès, pour m'ennuyer.* – Il a cassé aussi une tasse ? – *Il l'a essuyée et a posé la tasse au bord de la table. La tasse est tombée.* – Quel jour il a été le plus méchant, le jour où il a cassé le seau ou celui où il a cassé la tasse ? – *C'est pour le seau.* – Pourquoi ? – *Il a fait par exprès de casser mon seau.* – Et la tasse ? – *Il a pas fait par exprès. Il l'a posée tout au bord et l'a cassée.* – Et dans les histoires que je t'ai racontées, lequel est le plus vilain, celui qui a cassé les quinze tasses ou celui qui a cassé une tasse ? – *Celui qui a voulu prendre de la confiture, parce qu'il a voulu manger.* » […]

Mol (7 ans) : « Lequel est le plus vilain ? – *C'est le second, celui qui a pris le pot de confiture, parce qu'il a voulu prendre quelque chose sans permission.* – Il l'a attrapé ? – *Non.* – C'est quand même le plus vilain ? – *Oui.* – Et le premier ? – *C'est pas sa faute. Il a pas fait exprès.* »

Corm (9 ans) : « *Ben, celui qui a cassé en entrant, c'est pas un vilain, à cause qu'il savait pas qu'il y avait des tasses. L'autre voulait prendre la confiture et a accroché une tasse.* – Lequel est le plus vilain ? – *Celui qui a voulu prendre la confiture.* – Il a cassé combien de tasses ? – *Une.* – Et l'autre ? – *Quinze.* – Lequel tu punirais le plus ? – *C'est le garçon qui a voulu prendre de la confiture. Il le savait [= il a fait exprès].* »

Gros (9 ans) : « Qu'a fait le premier ? – *Il a cassé quinze tasses en ouvrant une porte.* – Et le second ? – *Il a cassé une tasse en prenant de la confiture.* – Qu'est-ce que tu penses de ces bêtises ? Laquelle est la plus vilaine ? – *Celle où il a voulu prendre la tasse est la plus grande [bêtise], parce que l'autre, il a pas vu [qu'il y avait des tasses derrière la porte]. Lui, il a vu ce qu'il faisait.* – Combien en a-t-il cassé ? – *Une tasse.* – Et l'autre ? – *Quinze.* – Alors, lequel punirais-tu le plus ? – *Celui qui a cassé une tasse.* – Pourquoi ? – *Il a fait exprès. S'il aurait pas pris la confiture, ce serait pas arrivé.* »

Nuss (10 ans) : Le plus vilain est « *celui qui a voulu prendre de la confiture.* – Ça fait quelque chose que l'autre ait cassé davantage de tasses ? – *Non, parce qu'il a pas fait exprès, celui qui a cassé quinze tasses.* »

Jean Piaget, *Le Jugement moral chez l'enfant*,
PUF, 1932, pp. 92-99.

questions

1. Analysez les raisons données par les enfants pour qui le garçon de la version *a* est le plus fautif.
2. Analysez les raisons données par ceux qui estiment que le plus fautif est au contraire le garçon de la version *b*.
3. De ces deux modes de raisonnement, lequel vous paraît le plus proche de la notion juridique de responsabilité ? Dites pourquoi.
4. Soumettez ces deux récits à quelques enfants et analysez leurs réponses.

Arguments pour une étude de cas

en vue d'une lecture, d'une dissertation, d'un dossier ou d'un débat

1. *Faut-il légaliser l'euthanasie ?*

les faits

On appelle euthanasie toute intervention ou omission délibérée destinée à entraîner la mort du patient pour mettre fin à une agonie dont la durée était indéterminée. En revanche, il n'y a pas euthanasie si le médecin, ayant épuisé tous les moyens thérapeutiques, s'abstient de retarder une échéance proche et inéluctable ou s'il se borne à employer des analgésiques puissants risquant d'abréger la vie du malade. Dans ces deux exemples, on choisit d'atténuer des souffrances au risque d'écourter l'agonie, alors que dans le cas de l'euthanasie on fait mourir pour éviter des souffrances.

le problème philosophique

Peut-on accorder une protection juridique aux actes d'euthanasie ?

Le respect de la vie humaine est un principe moral et juridique essentiel. Cependant la légitime défense peut conduire celui qui est menacé dans sa vie à tuer son agresseur. Le gynécologue qui pratique un accouchement difficile doit aussi parfois choisir de sacrifier la vie de l'enfant pour sauver celle de la mère. Mais l'euthanasie est-elle à ranger parmi ces exceptions : peut-il être légitime de mettre fin à la vie d'un malade incurable ?

les arguments en présence

Thèse A. Le rôle protecteur du droit interdit de légaliser l'euthanasie.

La déontologie (c'est-à-dire la morale professionnelle) permet aux médecins de ne pas imposer aux malades des traitements agressifs et inutiles, de soulager leur douleur, et de les laisser vivre leurs derniers moments dans la dignité. Mais elle leur interdit formellement de provoquer la mort.

1 Les pressions de l'entourage. – Une légalisation ouvrirait la voie aux pressions familiales ; il deviendrait difficile de distinguer la compassion pour le malade et la hâte de mettre un terme à une épreuve pénible pour les proches.
2 Les scrupules du malade. – Comment éviter que le malade, sachant qu'il est une charge, ne se sente coupable de ne pas choisir la mort ?
3 Contre des dérives dangereuses. – Le rôle du droit est de protéger les plus vulnérables, y compris contre la puissance publique. Si une législation permissive était adoptée, on ne peut exclure qu'un jour l'État ne prenne modèle sur le Troisième Reich, qui a « euthanasié » 200 000 personnes, enfants handicapés physiques et mentaux et malades incurables.
4 Un garde-fou salutaire. – Il est bon qu'un médecin sache qu'en administrant une dose mortelle il risque d'être poursuivi. Il s'agit d'une protection indispensable du malade et de la société contre des abus toujours possibles.

Thèse B. La législation sur l'euthanasie doit s'adapter à la pratique.

Quand un malade souhaite mourir parce qu'il juge dégradantes les conditions médicales de son agonie, mais ne peut pas faire lui-même le geste nécessaire, on doit respecter sa volonté.

1 Contre l'hypocrisie. – Il est incohérent de maintenir une interdiction qui n'est presque jamais appliquée. Pourquoi ne pas légaliser cette pratique et éviter à ses auteurs les désagréments d'un procès ?
2 L'exemple néerlandais. – Aux Pays-Bas, depuis 1993, l'euthanasie est légalisée. Mais, pour couper court à toute dérive, un contrôle très rigoureux est exigé par la loi : il faut que le patient soit conscient, qu'il souffre d'une maladie incurable accompagnée de souffrances insupportables, et qu'il demande clairement et plusieurs fois au médecin une « mort douce ».
3 Le droit à une mort digne. – On reconnaît à toute personne la liberté de mettre fin à ses jours ; on ne voit pas au nom de quoi on pourrait empêcher un malade de choisir sa mort et d'accomplir ainsi le dernier acte libre dont il est capable.

2. *Faut-il reconnaître aux animaux les mêmes droits qu'aux hommes ?*

les faits

Le mouvement écologiste de défense des animaux a créé le concept de spécisme, par analogie avec les termes de racisme et de sexisme, pour qualifier et dénoncer le mépris humain à l'égard des autres espèces. Divers mouvements militent par exemple contre l'utilisation des fourrures d'origine animale, contre certaines formes d'expérimentation médicale sur les animaux, contre les courses de taureaux.

le problème philosophique

Comment le droit doit-il régler nos rapports avec les animaux ?

Des lois répriment les actes de cruauté à l'égard des animaux domestiques. Mais jusqu'où faut-il aller dans la protection des animaux et, surtout, sur quel fondement doit reposer la législation en leur faveur ? S'agit-il pour les humains de s'imposer volontairement des obligations à leur égard, en limitant leurs propres droits, ou bien ces obligations sont-elles la conséquence d'un véritable droit qui appartient aux animaux et qui doit leur être reconnu par les hommes ?

les arguments en présence

Thèse A. L'homme seul a des droits.

Les hommes ont des obligations envers les animaux mais il serait absurde de reconnaître des droits aux animaux car cela supposerait une situation de réciprocité avec eux.

1 L'animal n'a pas de droits. – L'idée du droit n'a aucun sens pour un animal ; en effet il ne peut ni s'engager, ni respecter ses engagements, conditions sans lesquelles le droit n'existe pas.

2 La dignité de l'homme. – La vie humaine est incomparablement plus précieuse que toute autre vie, car seul l'homme est un sujet libre et capable de penser, ce qui le rend digne de respect. Il est écrit dans la Bible : « Seul l'homme est fait à l'image de Dieu. » Il faut réserver le respect uniquement à l'humanité afin qu'aucun homme ne puisse être exclu de ce respect.

3 Le droit de dominer la nature. – L'histoire de l'homme est celle de la domination de la nature, y compris du monde animal, comme en témoignent l'élevage, la domestication et la destruction des animaux nuisibles.

4 Des obligations envers l'animal. – Par sympathie pour un être souffrant, et surtout par respect pour nos valeurs humaines, nous pouvons nous créer volontairement une obligation à l'égard des animaux. Mais ils n'ont pas de droits sur nous.

Thèse B. Tous les vivants ont les mêmes droits.

Un droit qu'on n'accorde pas aux plus faibles, et en l'occurence aux autres espèces, est un privilège, non un droit. L'homme a tout à gagner en humanité à élargir son respect aux autres vivants.

1 Les droits de la vie. – Une des raisons d'être du droit est de permettre à un être vivant et sensible de vivre et de ne pas souffrir. Le droit de l'homme n'est qu'un cas particulier de ce droit général.

2 La parenté homme-animal. – Ce n'est pas parce qu'il pense qu'un être a des droits mais parce qu'il a la capacité de souffrir. Il n'y a donc pas rupture mais transition entre l'animal et l'homme.

3 Le droit d'être défendu. – Les êtres humains incapables de parler ou même de penser (enfants, insensés, etc.) ont droit à des porte-parole. Ce principe vaut également pour les animaux.

4 Contre la toute puissance de l'homme. – La volonté de domination absolue par la technique et le mépris des droits de la vie sont un même excès contre lequel il est urgent de réagir.

3. Quelle attitude faut-il adopter en France devant l'excision des fillettes ?

les faits

Dans certains pays d'Afrique, la coutume exige que la petite fille subisse une excision du clitoris. Cette pratique est censée permettre à la future femme de modérer ses impulsions sexuelles. Pour ces raisons, les parents, même lorsqu'ils ont immigré en France, se font un devoir de faire exciser leurs filles. Cette pratique étant contraire à la loi française, ceux-ci sont poursuivis par les tribunaux.

le problème philosophique

Les tribunaux français doivent-ils condamner les parents responsables de l'excision de leur fille ?

les arguments en présence

Thèse A. Les normes culturelles sont variables.

Ces parents agissent de bonne foi, pour le bien de leur fille, conformément à leur culture traditionnelle. Ils savent que sans cela elle sera rejetée par les membres de sa communauté et qu'elle ne pourra trouver un époux. Nous n'avons pas le droit de leur imposer nos critères européens. Une condamnation pénale est pour eux incompréhensible, donc injuste.

Thèse B. Les droits de la personne sont universels.

La justice doit faire respecter le principe de l'intégrité du corps qui est un droit de chaque être humain, sans exception. Le fait que certaines cultures ignorent ce principe n'y change rien. La sanction pénale est un facteur important d'éducation. Elle amène à réfléchir et constitue un appui précieux à la lutte des militantes africaines qui combattent ces formes archaïques d'asservissement de la femme.

4. L'idée d'un droit international est-elle utopique ?

les faits

Face aux guerres d'agression et aux massacres pratiqués par certains États contre leur propre population, certains souhaitent que des institutions internationales se donnent les moyens d'intervenir partout où sont commis des crimes. Pourtant, agressions et génocides n'ont rencontré jusqu'ici qu'indifférence ou protestations de pure forme.

le problème philosophique

A quelles conditions un droit international pourrait-il être autre chose qu'une idée généreuse ?

les arguments en présence

Thèse A. Entre États, seuls comptent les rapports de force.

Chaque État défend ses intérêts et, au nom du principe de la souveraineté nationale, interdit aux autres toute ingérence dans ce qu'il considère comme ses affaires intérieures. Nier ce fait c'est donner de faux espoirs aux victimes. De plus, un droit international supposerait une législation admise par tous, un tribunal reconnu et une force de police puissante. C'est précisément ce à quoi s'opposent les États qui ne veulent avoir de compte à rendre à personne.

Thèse B. Il faut travailler au progrès du droit.

L'Histoire montre que le droit a réussi à imposer une certaine limitation à la force brute entre les États. Des conventions ont donné un statut aux prisonniers de guerre et protégé les civils et les blessés. Dans l'opinion, l'idée d'un droit et même d'un devoir d'ingérence a commencé à s'imposer, sur le plan humanitaire au moins. Face à l'indifférence et à la lâcheté dominantes, il est juste de militer pour cet objectif.

5. Y a-t-il des cas où il est légitime de s'opposer à la loi ?

les faits

Dans les régimes totalitaires, les dissidents sont assimilés à des délinquants et des criminels. Certains, qui se sont mis pourtant hors de la légalité, ont été récompensés par le prix Nobel. Dans les États démocratiques, certains n'hésitent pas à enfreindre les lois, par exemple à occuper illégalement des locaux pour défendre les sans-logis. En revanche, sous prétexte que la loi est la loi, d'autres ont choisi d'appliquer scrupuleusement des lois injustes, comme celles que Vichy avait édictées contre les juifs.

le problème philosophique

Peut-on faire valoir les exigences de la morale contre l'autorité légale ?

les arguments en présence

Thèse A. Les exigences de la conscience sont supérieures à l'autorité des lois.

Les lois ne sont pas sacrées en elles-mêmes. Elles ne sont là que pour protéger les faibles. Quand, au contraire, elles sont des instruments d'oppression, il faut avoir le courage de les dénoncer et au besoin de les enfreindre. Notre conscience nous dit quand il est de notre devoir de nous y opposer.

Thèse B. Le strict respect de la légalité est le plus sûr rempart contre l'arbitraire.

Dans un État de droit, les lois sont faites selon des procédures précises qui sont prévues par la constitution. Quand ces procédures, qui ont été approuvées par l'ensemble des citoyens, sont respectées, aucun des citoyens n'a le droit de contester les lois au nom de sa conscience personnelle, sinon ce serait le chaos.

6. Faut-il admettre un droit à la différence ?

les faits

Alors que l'esprit du droit est d'exiger d'abord l'égalité des personnes, certains groupes revendiquent le respect et la reconnaissance au nom de leurs particularités religieuses, ethniques, sexuelles, etc.

le problème philosophique

La reconnaissance des différences est-elle la forme première du respect de l'autre ?

les arguments en présence

Thèse A. Ce sont nos différences qui font notre identité.

Chaque être humain se définit d'abord par ce qui le distingue des autres. Ces particularités font la richesse de l'humanité et les minorités opprimées doivent les revendiquer fièrement et lutter pour qu'elles soient reconnues dans les lois, les usages et en particulier le langage. Il faut s'opposer à tout ce qui prétend imposer à tous les mêmes valeurs. Ces dernières ne sont d'ailleurs, sous couleur de normalité, que les préjugés du groupe dominant.

Thèse B. Chacun peut revendiquer un « droit à l'indifférence ».

C'est toujours au nom d'une différence ethnique ou sociale que les pires massacres sont perpétrés. Les hommes doivent donc apprendre à se respecter malgré les traits qui les distinguent. Sans ignorer les particularités, il convient de leur accorder une importance secondaire. Enfin, les individus porteurs d'une particularité ont droit à ne pas être sans cesse renvoyés à leur différence mais à être au contraire traités comme tout le monde.

BAC

Préparer une dissertation

premier sujet — *Le droit n'est-il que l'expression d'un rapport de force ?*

les mots de l'énoncé

1 Que se passerait-il si, pour savoir qui est dans son droit, on se contentait de savoir qui est le plus fort ?
2 S'il y a *rapport de force*, c'est entre qui et qui ? Donnez un exemple.
3 « Jusqu'à cette date, le rapport de force était favorable à tel pays, mais ensuite... » Quelle caractéristique de tout rapport de force peut-on déduire de cet exemple ? Pourquoi est-elle incompatible avec l'idée de *droit* ?
4 Quand dit-on qu'une chose est *l'expression* d'une autre ? Songez à : « Ses critiques ne sont que l'expression de sa jalousie. »
5 Reformulez le sujet sans utiliser le mot *expression*.
6 De quelles sortes de forces le droit pourrait-il subir l'influence ? Quels exemples l'histoire fournit-elle d'une telle influence ?

la forme de la question

7 L'énoncé se borne-t-il à demander si le droit subit une quelconque influence des forces qui s'exercent dans la société ? Quels mots apportent une nuance importante ?
8 Reformulez le sujet sans ces mots mais en conservant la précision qu'ils apportent.

les idées qui font le problème

9 Si l'on considère que le droit n'est que l'*expression d'un rapport de force*, comment explique-t-on que cela ne saute pas immédiatement aux yeux de tous ?
10 A la question de l'énoncé, on peut apporter d'abord deux réponses : le droit n'est rien d'autre que rapport de force, ou le droit n'a rien à voir avec la force. Une troisième réponse est-elle concevable ?

deuxième sujet — *Suffit-il pour être juste d'obéir aux lois et aux coutumes de son pays ?*

les mots de l'énoncé

1 On peut extraire de l'énoncé une définition de l'attitude *juste*. Laquelle ? Quel mot en exprimerait l'élément principal ?
2 Dans quel cadre le problème est-il posé ?
3 Est-il toujours possible d'obéir à la fois *aux lois et aux coutumes* de son pays ?
4 Entre la *loi* et la *coutume* il peut y avoir identité, différence et opposition. Donnez un exemple de chacune de ces possibilités.

la forme de la question

5 L'énoncé dit *pour être juste* et non pas *pour agir en accord avec la justice*. *Être juste* c'est agir en accord avec quoi ? Laquelle de ces deux formulations a une signification morale ?
6 Qu'ajoutent à la question les mots *suffit-il* ?

les idées qui font le problème

7 Que faire quand les coutumes de notre pays sont en opposition avec ses lois ?
8 Y a-t-il des cas où il n'est pas injuste de ne pas obéir aux lois de son pays ? Et même où c'est être juste que de leur désobéir ?
9 Peut-on éviter de se poser ce problème sous le prétexte qu'on n'est pas au courant de la législation du pays dans lequel on vit ?
10 Que pensez-vous de l'argument selon lequel si chacun se mêlait de juger s'il doit obéir ou non aux lois, ce serait la porte ouverte à l'anarchie ?

troisième sujet

Est-ce au peuple qu'il appartient de faire les lois ?

les mots de l'énoncé

1 Qu'entend-on par *loi* ? Distinguez une loi d'un ordre et d'un commandement.
2 Quel est ici le sens du mot *peuple* : a) les gens de condition modeste ; b) l'ensemble des citoyens, quelle que soit leur condition sociale ?
3 Que signifie faire les lois : les rédiger, les voter, choisir ceux qui les rédigent, ceux qui les votent ?
4 Est-ce la même chose de « faire la loi » et de « faire les lois » ?
5 Dans quel régime le pouvoir de faire la loi appartient-il au peuple ?

la forme de la question

6 a) « Il appartient au peuple de faire les lois » ; b) « Le pouvoir de faire les lois appartient au peuple ». Laquelle de ces formulations énonce un simple fait existant dans certaines sociétés, et laquelle prononce un jugement en disant ce qui est juste?

les idées qui font le problème

7 Pour quelles raisons le pouvoir du peuple serait-il contestable ?
8 Le principe selon lequel c'est au peuple de faire les lois se heurte à des difficultés d'application. Que faire si ceux qui ont à se prononcer sont trop nombreux ?
9 Que faire si les membres de ce peuple ne sont pas tous d'accord ?
10 Quelles sont les lois sur lesquelles le peuple vote directement ?

quatrième sujet

Pourquoi punit-on ?

les mots de l'énoncé

1 Dites à quel domaine (éducation, dressage, justice) appartiennent respectivement la sanction pénale, la punition et la correction.
2 Puisque un seul de ces trois domaines concerne le droit, dites en quoi *punir* est différent de se venger.
3 Dans cette question que représente le sujet *on* ? Autrement dit, qui est qualifié pour infliger une sanction pénale ?
4 Qui n'est pas qualifié pour le faire ?

la forme de la question

5 Poser la question *pourquoi*, c'est chercher soit une cause soit un but. Reformulez l'énoncé selon ces deux hypothèses.

les idées qui font le problème

6 Quelles conditions la société doit-elle remplir pour que l'acte de punir ait un sens ?
7 A quelles conditions l'auteur d'une infraction peut-il être considéré comme responsable de son acte ?
8 Selon vous de quelle façon la punition peut-elle jouer un rôle de prévention ?
9 Selon vous de quelle façon la punition peut-elle jouer un rôle de pacification ?
10 Selon vous de quelle façon la punition peut-elle jouer un rôle de réinsertion ?

BAC

Expliquer un texte

PREMIÈRE ÉTUDE DE TEXTE

Saint Thomas d'Aquin 1266

Nous avons dit, à propos de l'étude des lois, que les actes humains soumis aux lois portent sur des situations singulières qui peuvent varier à l'infini. Il est donc impossible d'instituer une loi qui ne serait jamais dans aucun cas en défaut. Pour établir une loi, les législateurs considèrent les conditions générales ; mais l'observance de cette loi serait dans certaines situations contraire à la justice et au bien commun que la loi entend sauvegarder. Par exemple, la loi déclare qu'il faut rendre un dépôt, ce qui est juste dans la généralité des cas, mais peut devenir dangereux dans des cas particuliers, tel le fou qui réclame l'épée qu'il a déposée, ou l'individu qui demande son dépôt pour trahir sa patrie. En pareilles circonstances et en d'autres semblables, il serait mal d'obéir à la loi, et le bien consiste alors à transgresser la lettre de la loi pour rester fidèle à l'esprit de justice et à l'exigence du bien commun.

Saint Thomas d'Aquin, *Somme théologique*,
trad. A. Raulin et A.-M. Roguet, Éditions du Cerf, 1984.

lire le texte

Nous avons dit, à propos de l'étude des lois, que les actes humains soumis aux lois portent sur des situations singulières qui peuvent varier à l'infini. Il est donc impossible d'instituer une loi qui ne serait jamais dans aucun cas en défaut.

1 Donnez quelques exemples d'*actes humains soumis aux lois*.

2 Que signifie *singulières* dans *situations singulières* ?

3 Qu'est-ce qu'une loi ne peut pas faire ?

Pour établir une loi, les législateurs considèrent les conditions générales ; mais l'observance de cette loi serait dans certaines situations contraire à la justice et au bien commun que la loi entend sauvegarder.

4 Quel sens possède le mot *justice* dans cette phrase : l'institution judiciaire (comme dans « la justice française », « la justice italienne ») ou l'idéal de justice ?

Par exemple, la loi déclare qu'il faut rendre un dépôt, ce qui est juste dans la généralité des cas, mais peut devenir dangereux dans des cas particuliers, tel le fou qui réclame l'épée qu'il a déposée, ou l'individu qui demande son dépôt pour trahir sa patrie.

5 Qu'est-ce que l'auteur entend par *dépôt* ? Et qu'est-ce que la loi ordonne d'une façon générale à propos des dépôts ?

En pareilles circonstances et en d'autres semblables, il serait mal d'obéir à la loi, et le bien consiste alors à transgresser la lettre de la loi pour rester fidèle à l'esprit de justice et à l'exigence du bien commun.

6 Que signifie *la lettre* par opposition à *l'esprit* ? Pour répondre à cette question, réfléchissez à ce que signifie *lettre* dans « suivre des instructions à la lettre », et à ce que signifie *esprit* dans « l'esprit de la législation sur les accidents du travail ».

trouver la problématique

7 En quoi ces réflexions semblent contredire les grands principes du droit ?

8 Qu'est-ce qui nous séduit dans l'idée que la justice réside simplement dans la stricte application de la loi ?

9 A quels dangers s'expose-t-on si l'on remet en cause cette idée ? Doit-on conclure que le juge est libre d'interpréter et d'appliquer la loi comme il l'entend ?

10 Quels sont les garde-fous qui protègent les citoyens contre le risque d'arbitraire ?

■ DEUXIÈME ÉTUDE DE TEXTE ■

La Fontaine
1669

Le loup et l'agneau

La raison du plus fort est toujours la
[meilleure ;
Nous l'allons montrer tout à l'heure.
Un agneau se désaltérait
Dans le courant d'une onde pure.
Un loup survient à jeun, qui cherchait
[aventure,
Et que la faim en ces lieux attirait.
« Qui te rend si hardi de troubler mon
[breuvage ?
Dit cet animal plein de rage :
Tu seras châtié de ta témérité.
– Sire, répond l'Agneau, que Votre Majesté
Ne se mette pas en colère ;
Mais plutôt qu'elle considère
Que je me vas désaltérant
Dans le courant,
Plus de vingt pas au-dessous d'Elle ;
Et que par conséquent, en aucune façon,
Je ne puis troubler sa boisson.
– Tu la troubles, reprit cette bête cruelle ;
Et je sais que de moi tu médis l'an passé.
– Comment l'aurais-je fait si je n'étais pas
[né ?
Reprit l'agneau ; je tète encore ma mère.
– Si ce n'est toi, c'est donc ton frère.
– Je n'en ai point. – C'est donc quelqu'un
[des tiens ;
Car vous ne m'épargnez guère,
Vous, vos bergers, et vos chiens.
On me l'a dit : il faut que je me venge. »
Là-dessus, au fond des forêts
Le loup l'emporte et puis le mange,
Sans autre forme de procès.

Jean de la Fontaine, *Fables,*
livre I, fable 10.

lire le texte ■

Tu seras châtié de ta témérité.

1 Quel rôle le loup prétend-il jouer ? Quel mot en témoigne ?

Mais plutôt qu'elle considère
Que je me vas désaltérant
Dans le courant,
Plus de vingt pas au-dessous d'Elle ;
Et que par conséquent, en aucune façon,
Je ne puis troubler sa boisson.

2 Par quoi se caractérisent les propos que l'agneau présente pour se justifier ? Quel mot de liaison utilise-t-il ?

– Tu la troubles, reprit cette bête cruelle ;
Et je sais que de moi tu médis l'an passé.

3 Que dénote au contraire la conjonction *et* utilisée par le loup ?

– Comment l'aurais-je fait si je n'étais pas né ?
Reprit l'agneau ; je tète encore ma mère.

4 A quel procédé en revient ici l'agneau ?

– Si ce n'est toi, c'est donc ton frère.
– Je n'en ai point. – C'est donc quelqu'un des tiens ;
Car vous ne m'épargnez guère,
Vous, vos bergers, et vos chiens.

5 Que pensez-vous de l'argumentation du loup ?

On me l'a dit : il faut que je me venge.

6 Relevez dans ce vers tout ce qui rappelle les éléments d'un procès. Mais en quoi est-on encore bien loin d'un véritable procès ?

Là-dessus, au fond des forêts
Le Loup l'emporte, et puis le mange,
Sans autre forme de procès.

7 Montrez ce qui éclate enfin ici.

trouver la problématique ■

8 Que signifie dans le premier vers *la raison du plus fort* ? Plus précisément, quel sens prend dans cette formule le mot *raison* ? Quel sens, au contraire, n'a-t-il pas ?

9 Et que signifie enfin *la meilleure* ?

10 Relisez maintenant la fable, en ayant présent à l'esprit la façon dont tout cela va se terminer. Pourquoi ne se contente-t-il pas de dévorer l'agneau en silence ?

■ TROISIÈME ÉTUDE DE TEXTE ■

Pascal
1660

Il est juste que ce qui est juste soit suivi, il est nécessaire que ce qui est le plus fort soit suivi. La justice sans la force est impuissante ; la force sans la justice est tyrannique. La justice sans force est contredite, parce qu'il y a toujours des méchants ; la force sans la justice est accusée. Il faut donc mettre ensemble la justice et la force, et, pour cela, faire que ce qui est juste soit fort ou que ce qui est fort soit juste.
La justice est sujette à dispute. La force est très reconnaissable et sans dispute. Ainsi on n'a pu donner la force à la justice, parce que la force a contredit la justice et a dit qu'elle était injuste, et a dit que c'était elle qui était juste. Et ainsi ne pouvant faire que ce qui est juste fût fort, on a fait que ce qui est fort fût juste.

Blaise Pascal, *Les Pensées,* Gallimard,
coll. « Bibliothèque de la Pléiade », 1976, pp. 1160-1161.

lire le texte ■

Il est juste que ce qui est juste soit suivi, il est nécessaire que ce qui est le plus fort soit suivi.

1 L'adjectif *nécessaire* a deux usages. Que signifie *nécessaire* lorsque, comme ici, il est opposé à juste : indispensable ou inévitable ?

2 Qu'est-ce qui conduit à suivre la justice d'une part, à suivre la force d'autre part ?

La justice sans la force est impuissante ; la force sans la justice est tyrannique. La justice sans force est contredite, parce qu'il y a toujours des méchants ; la force sans la justice est accusée.

3 D'un côté, que se passe-t-il inévitablement si on ne dispose d'aucune force pour faire appliquer une décision juste ?

4 D'un autre côté, comment réagissent les hommes quand l'emploi de la force ne leur apparaît pas motivé par des raisons justes ?

Il faut donc mettre ensemble la justice et la force, et, pour cela, faire que ce qui est juste soit fort ou que ce qui est fort soit juste.

5 Quelle différence y a-t-il entre *faire que ce qui est juste soit fort* et *faire que ce qui est fort soit juste* ? Dans le second cas, s'agira-t-il d'une justice réelle ou apparente ?

La justice est sujette à dispute. La force est très reconnaissable et sans dispute.

6 En quel sens pouvons-nous dire que *la force est très reconnaissable* et pourquoi Pascal estime-t-il qu'elle est plus reconnaissable que la justice ?

Et ainsi ne pouvant faire que ce qui est juste fût fort, on a fait que ce qui est fort fût juste.

7 Reformulez cette phrase sans employer les adjectifs *fort* et *juste*.

trouver la problématique ■

8 Pensez-vous que la force seule puisse mettre un terme aux conflits entre les hommes ?

9 En mettant sur le même pied une justice réellement forte et une force qui présente toutes les apparences de la justice, quel objectif Pascal considère-t-il comme prioritaire pour une société ?

10 Qualifieriez-vous les idées de Pascal sur la justice de cyniques ou de réalistes ?

bilan

vocabulaire

Expliquez la différence entre les termes suivants :

1 arbitraire – arbitrage
2 obligation – contrainte
3 droit naturel – droit positif
4 légal – légitime

Donnez la définition des mots et expressions suivants :

5 relativisme
6 codifier
7 positivisme juridique
8 équité
9 procédure
10 être « juge et partie »

connaissances

1 Quels sont les éléments constitutifs de tout système juridique ?
2 Pourquoi n'est-il pas toujours juste de traiter deux personnes de la même manière ?
3 Qu'est-ce que le principe d'égalité de traitement ?
4 Par quel moyen peut-on mettre un terme au cycle de la vengeance ?
5 Qu'est-ce qui manque au droit international pour être un droit comme un autre ?

texte

Qu'est-ce qu'une bonne loi ? Par bonne loi, je n'entends pas une juste, car aucune loi ne peut être injuste. La loi est faite par le pouvoir souverain, et tout ce qui est fait par ce pouvoir est cautionné et reconnu pour sien par chaque membre du peuple : et ce que chacun veut ne saurait être dit injuste par personne. Il en est des lois de la République comme des lois des jeux : ce sur quoi les joueurs se sont accordés n'est pour aucun d'eux une injustice.

Thomas Hobbes, *Léviathan*, trad. F. Tricaud, Sirey, 1971, p. 370.

1 A quelle question ce texte propose-t-il une réponse ?
2 Hobbes énonce une affirmation surprenante. Quelle est-elle ?
3 Qu'attend-on seulement des règles des jeux ?
4 Quelle est la définition de la justice qui est contenue dans ce texte ?
5 Suffit-il, selon vous, qu'une loi soit approuvée par chacun pour qu'elle soit juste ?

Le pari risqué de la démocratie

Les hommes se sont libérés des servitudes de la nature. Ils ont remplacé, au sein de leurs sociétés, la violence sauvage par les règles du droit.
Pourtant, l'histoire nous les montre le plus souvent soumis à l'oppression politique.
Faut-il penser que la liberté leur fait peur ?
Ou bien serait-ce que la liberté de l'individu n'est pas compatible avec la vie en société ? Que chacun doit abandonner l'essentiel de sa liberté à l'État ?
Serait-il absurde de vouloir être à la fois associés et libres, par les lois et grâce à l'État, comme nous le promet la démocratie ?

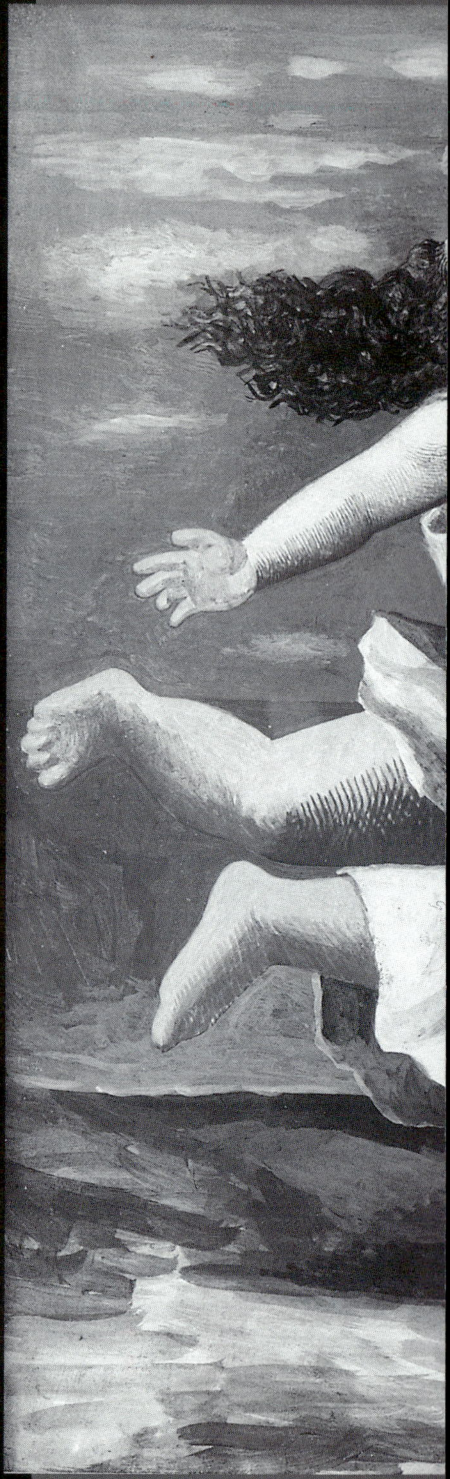

La liberté

Pablo Picasso (1881-1973), *Deux Femmes courant sur la plage (La Course)*, 1922, (gouache sur contreplaqué, 32,5 ¥ 41,1 cm) ; Musée Picasso, Paris.

Cours

Vivre libres et ensemble

Puis-je être libre quand les autres le sont autant que moi ? Vivant dans une société issue de la Révolution française et fondée sur la Déclaration des droits de l'homme et du citoyen, il nous paraît évident que notre vie nous appartient et que cette liberté est le plus naturel de nos droits. « Les hommes naissent libres » est pourtant une idée neuve, qui n'a fait son apparition qu'au XVIIe siècle, et rencontre aujourd'hui encore d'immenses oppositions.

Première objection à la liberté : il n'existe pas de volonté libre

D'abord, diront certains, pourquoi proclamer que les hommes sont plus libres que les animaux ? Avons-nous le droit d'affirmer que notre volonté se détermine librement par elle-même là où les animaux suivent leurs instincts sans pouvoir s'en écarter ?

Aussi difficile à justifier que soit en effet cette affirmation du libre arbitre, on en aperçoit aisément la conséquence sur notre liberté politique. Si notre volonté était déterminée sans nous laisser de choix, nous ne serions pas plus responsables des conséquences de nos actions qu'une pierre qui tombe et blesse quelqu'un, ou qu'un chien qui mord. N'étant plus responsables, nous ne serions plus respectables, et les dirigeants auraient le droit d'utiliser les simples citoyens que nous sommes sans égards ni scrupules. Le droit des hommes de ne pas être traités comme des animaux ou des machines repose donc sur la supposition que les hommes ont une volonté libre.

D'ailleurs, cette supposition est-elle vraiment indémontrable ? A partir du moment où un être conscient sait qu'il est regardé par les autres hommes comme l'auteur libre et responsable de ses actions, il en est responsabilisé. Il acquiert le choix entre faire le bien ou le mal, ou ne rien faire. La liberté de choix de l'homme pourrait donc s'expliquer comme un effet de sa responsabilisation par la société.

Deuxième objection: les individus naissent dépendants de leur milieu social et doivent obéissance aux autorités supérieures

Jusqu'au XVIIe siècle, la question des droits politiques de l'individu ne s'est même pas posée. On considérait que l'homme, individu social par naissance, appartenait une fois pour toutes à sa communauté, à sa famille, à sa cité, à son peuple ou à sa religion. Même dans la démocratie athénienne antique, où le peuple est souverain, l'individu n'existe pas pour lui-même, mais pour la cité dont il est citoyen. Depuis le début de notre ère, s'est imposée l'idée exprimée par saint Paul, le fondateur de l'Église chrétienne, que « tout pouvoir vient de Dieu », et que nous lui devons tous obéissance.

C'est seulement au XVIIe siècle que la théorie du droit naturel rejette cette dépendance imposée à l'individu envers son groupe ou son chef (texte 2 p. 156). Aujourd'hui encore, bien que la liberté et les droits de tous les êtres humains soient inscrits dans la charte adoptée par les Nations Unies en 1948, de nombreux États, Églises et partis continuent de s'opposer par la violence à l'idée que chaque individu a le droit de disposer librement de son existence.

Nous avons déja vu que l'homme, antécédemment à tout contrat libre, à toute forme de gouvernement, à tout consentement exprès[3] ou tacite[4], naît membre d'une société dont il doit préférer le bien public à son bien particulier, et par conséquent qu'il n'est ni son maître ni sa loi à lui-même. Il est vrai que le consentement libre ou forcé, exprès ou tacite d'un peuple libre, à la domination d'un ou plusieurs, peut bien être un canal par où découle l'autorité suprême; mais il n'en est pas la source. Ce consentement n'est qu'une simple déclaration de la volonté de Dieu qui manifeste par là à qui il veut que son autorité soit confiée.

3 Exprès : exprimé.
4 Tacite : sous-entendu, non-dit.

André-Michel Ramsay, *Essai philosophique sur le gouvernement civil,* D. R., p. 360.

■ TEXTE 3 ■ DÉCLARATION DES DROITS DE L'HOMME ET DU CITOYEN, 1789

Les hommes libres ensemble

Comment concilier la liberté de l'individu et les exigences de la société, la liberté des uns et celle des autres, sans que nul ne soit lésé ? Voici les principaux articles de la Déclaration des droits de l'homme et du citoyen qui relèvent ce défi et que la charte de l'ONU a repris pour l'essentiel en 1948.

Article premier. – Les hommes naissent et demeurent libres et égaux en droits. Les distinctions sociales ne peuvent être fondées que sur l'utilité commune.

Art. 2. – Le but de toute association politique est la conservation des droits naturels et imprescriptibles de l'Homme. Ces droits sont la liberté, la propriété, la sûreté[1] et la résistance à l'oppression.

Art. 3. – Le principe de toute souveraineté réside essentiellement dans la nation. Nul corps, nul individu ne peut exercer d'autorité qui n'en émane expressément.

Art. 4. – La liberté consiste à pouvoir faire tout ce qui ne nuit pas à autrui. Ainsi, l'exercice des droits naturels de chaque homme n'a de bornes que celles qui assurent aux autres membres de la société la jouissance de ces mêmes droits. Ces bornes ne peuvent être déterminées que par la loi.

Art. 5. – La loi n'a le droit de défendre que les actions nuisibles à la société. Tout ce qui n'est pas défendu par la loi ne peut être empêché, et nul ne peut être contraint de faire ce qu'elle n'ordonne pas.

Art. 6. – La loi est l'expression de la volonté générale, tous les citoyens ont le droit de concourir, personnellement ou par leurs représentants, à sa formation; elle doit être la même pour tous, soit qu'elle protège, soit qu'elle punisse. Tous les citoyens étant égaux à ses yeux sont également admissibles à toutes dignités, places et emplois publics selon leur capacité, et sans autres distinctions que celle de leurs vertus et de leurs talents. [...]

Art. 10. – Nul ne doit être inquiété pour ses opinions, même religieuses, pourvu que leur manifestation ne trouble pas l'ordre public établi par la loi.

Art. 11. – La libre communication des pensées et des opinions est un des droits les plus précieux de l'homme; tout citoyen peut donc parler, écrire, imprimer librement, sauf à répondre des abus dans les cas établis par la loi. [...]

Art. 15. – La société a le droit de demander compte à tout agent public de son administration.

1 Sûreté : sécurité.

Déclaration des droits de l'homme et du citoyen, le 26 août 1789, dans *Les Droits de l'homme,* anthologie composée par Christian Biet, Imprimerie nationale, 1989, pp. 424-427.

■ TEXTE 4 ■ BAKOUNINE, 1872

L'État et la liberté naturelle des hommes

Le sacrifice de la liberté individuelle est-il justifié par l'avantage qu'en retire la collectivité ou bien conduit-il au triomphe d'un monstre sans vie, l'État ? La thèse anarchiste est ici défendue par son plus illustre théoricien.

Qu'est-ce que l'État ? C'est, nous répondent les métaphysiciens et les docteurs en droit, c'est la chose publique ; les intérêts, le bien collectif et le droit de tout le monde, opposés à l'action dissolvante des intérêts et des passions égoïstes de chacun. C'est la justice et la réalisation de la morale et de la vertu sur la terre. Par conséquent, il n'est point d'acte plus sublime ni de plus grand devoir pour les individus que de se dévouer, de se sacrifier, et au besoin de mourir pour le triomphe, pour la puissance de l'État [...]. Voyons maintenant si cette théologie politique, de même que la théologie religieuse, ne cache pas, sous de très belles et de très poétiques apparences, des réalités très communes et très sales.

Analysons d'abord l'idée même de l'État, telle que nous la présentent ses prôneurs. C'est le sacrifice de la liberté naturelle et des intérêts de chacun, individus aussi bien qu'unités collectives comparativement petites : associations, communes et provinces – aux intérêts et à la liberté de tout le monde, à la prospérité du grand ensemble. Mais ce tout le monde, ce grand ensemble, qu'est-il en réalité ? C'est l'agglomération de tous les individus et de toutes les collectivités humaines plus restreintes qui le composent. Mais, du moment que pour le composer et pour s'y coordonner tous les intérêts individuels et locaux doivent être sacrifiés, le tout, qui est censé les représenter, qu'est-il en effet ? Ce n'est pas l'ensemble vivant, laissant respirer chacun à son aise et devenant d'autant plus fécond, plus puissant et plus libre que plus largement se développent en son sein la pleine liberté et la prospérité de chacun ; ce n'est point la société humaine naturelle, qui confirme et augmente la vie de chacun par la vie de tous – ; c'est, au contraire, l'immolation de chaque individu comme de toutes les associations locales, l'abstraction destructive de la société vivante, la limitation ou, pour mieux dire, la complète négation de la vie et du droit de toutes les parties qui composent tout le monde, pour le soi-disant bien de tout le monde : c'est l'État, c'est l'autel de la religion politique sur lequel la société naturelle est toujours immolée : une universalité dévorante, vivant de sacrifice humains [...].

Mikhaïl Alexandrovitch Bakounine, dans Henri Arvon, *Bakounine*, Œuvres, t.1, Seghers, 1966, pp. 98-99.

Eugène Delacroix (1798-1868), *La Liberté guidant le peuple*, 1830 (huile sur toile, 260 × 325 cm) ; Musée du Louvre, Paris.

■ TEXTE 5 ■ ROUSSEAU, 1764

L'indépendance et la liberté

Les hommes pensent que le comble de la liberté est dans l'indépendance, quand on n'a pas à obéir aux lois ni à tenir compte des autres hommes. Liberté et indépendance ne vont peut-être pas aussi bien ensemble qu'il n'y paraît d'abord. Rousseau définit un contrat social qui donne aux citoyens le moyen de s'associer en vue de maintenir leur liberté dans un lien social juste, celui de l'interdépendance.

On a beau vouloir[1] confondre l'indépendance et la liberté. Ces deux choses sont si différentes que même elles s'excluent mutuellement. Quand chacun fait ce qu'il lui plaît, on fait souvent ce qui déplaît à d'autres, et cela ne s'appelle pas un État libre. La liberté consiste moins à faire sa volonté qu'à n'être pas soumis à celle d'autrui ; elle consiste encore à ne pas soumettre la volonté d'autrui à la nôtre. Quiconque est maître ne peut être libre, et régner

1 On a beau vouloir : on veut en vain.

c'est obéir. [...] Je ne connais de volonté vraiment libre que celle à laquelle nul n'a droit d'opposer de la résistance ; dans la liberté commune nul n'a droit de faire ce que la liberté d'un autre lui interdit, et la vraie liberté n'est jamais destructive d'elle-même. Ainsi la liberté sans justice est une véritable contradiction ; car comme qu'on[2] s'y prenne tout gêne dans l'exécution d'une volonté désordonnée.

Il n'y a donc point de liberté sans lois, ni où quelqu'un est au-dessus des lois : dans l'état même de nature[3] l'homme n'est libre qu'à la faveur de la loi naturelle qui commande à tous. Un peuple libre obéit, mais il ne sert pas ; il a des chefs et non pas des maîtres ; il obéit aux lois, mais il n'obéit qu'aux lois et c'est par la force des lois qu'il n'obéit pas aux hommes.

Jean-Jacques Rousseau, *Lettres écrites de la montagne,* lettre VIII, Éditions du Seuil, coll. « L'intégrale », 1971, p. 467.

2 Comme que : tournure provinciale ou archaïque pour dire « quelle que soit la façon dont ».

3 L'état de nature : la situation de l'homme avant la création des sociétés et des lois humaines.

■ TEXTE 6 ■ STUART MILL, 1859

Où s'arrêtent les droits de la collectivité

Les lois démocratiquement votées peuvent-elles intervenir dans tous les domaines de la vie individuelle, ou faut-il leur imposer des frontières à ne dépasser sous aucun prétexte ? Stuart Mill défend ici la réponse libérale.

Il y a une sphère d'action dans laquelle la société, comme distincte de l'individu, n'a qu'un intérêt indirect, si même elle en a aucun. Nous voulons parler de cette portion de la conduite et de la vie d'une personne qui n'affecte qu'elle-même, ou qui, si elle affecte également les autres, ne le fait qu'avec leur consentement et leur participation libre, volontaire et parfaitement éclairée. Quand je parle de ce qui touche la personne seulement, j'entends par là ce qui la touche d'abord, immédiatement ; car tout ce qui affecte un individu peut affecter les autres à travers lui, et l'objection qui se fonde sur cette éventualité sera l'objet de nos réflexions ultérieures. Donc, ceci est la région propre de la liberté humaine. Elle comprend d'abord le domaine du *for intérieur,* exigeant la liberté de conscience dans le sens le plus étendu du mot, la liberté de pensée et d'inclination, la liberté absolue d'opinions et de sentiments, sur tout sujet pratique, spéculatif[1], scientifique, moral ou théologique. La liberté d'exprimer et de publier des opinions peut paraître soumise à un principe différent, puisqu'elle appartient à cette portion de la conduite d'un individu qui touche les autres ; mais comme elle est de presque autant d'importance que la liberté de penser elle-même, et qu'elle repose en grande partie sur les mêmes raisons, ces deux libertés sont inséparables en pratique. Secondement, le principe de la liberté humaine requiert la liberté des goûts et des poursuites, la liberté d'arranger notre vie suivant notre caractère, de faire comme il nous plaît, advienne que pourra, sans en être empêchés par nos semblables, aussi longtemps que nous ne leur nuisons pas, et quand bien même ils trouveraient notre conduite sotte ou condamnable. Troisièmement, de cette liberté de chaque individu résulte, dans les mêmes limites, la liberté d'association parmi les individus ; la liberté de s'unir pour un objet quelconque inoffensif à l'égard d'autrui, étant supposé que les personnes associées sont majeures et ne sont ni contraintes ni trompées.

[...] Chacun est le gardien naturel de sa propre santé, soit physique, soit mentale et spirituelle. L'espèce humaine gagne plus à laisser chaque homme vivre comme bon lui semble, qu'à l'obliger de vivre comme bon semble au reste.

John Stuart Mill, *La Liberté,* trad. Dupont-White, dans Pierre Manent, *Les Libéraux,* Hachette, coll. «Pluriel», 1986, t. II, p. 71.

1 Spéculatif : ce qui concerne l'examen des idées sans considération pratique.

■ TEXTE 7 ■ TOCQUEVILLE, 1835

Le despotisme et l'État démocratique

Libéral, historien de la Révolution française, Tocqueville montre une perspicacité troublante quand il prévoit le destin de la liberté individuelle dans le cadre de l'État-providence. Ce texte a été écrit il y a plus d'un siècle et demi.

Je pense donc que l'espèce d'oppression dont les peuples démocratiques sont menacés ne ressemblera à rien de ce qui l'a précédée dans le monde ; nos contemporains ne sauraient en trouver l'image dans leurs souvenirs. Je cherche en vain moi-même une expression qui reproduise exactement l'idée que je m'en forme et la renferme ; les anciens mots de despotisme et de tyrannie ne conviennent point. La chose est nouvelle, il faut donc tâcher de la définir, puisque je ne peux la nommer.

Je veux imaginer sous quels traits nouveaux le despotisme pourrait se produire dans le monde : je vois une foule innombrable d'hommes semblables et égaux qui tournent sans repos sur eux-mêmes pour se procurer de petits et vulgaires plaisirs, dont ils emplissent leur âme. Chacun d'eux, retiré à l'écart, est comme étranger à la destinée de tous les autres : ses enfants et ses amis particuliers forment pour lui toute l'espèce humaine ; quant au demeurant de ses concitoyens, il est à côté d'eux, mais il ne les voit pas ; il les touche et ne les sent point ; il n'existe qu'en lui-même et pour lui seul, et, s'il lui reste encore une famille, on peut dire du moins qu'il n'a plus de patrie.

Au-dessus de ceux-là s'élève un pouvoir immense et tutélaire[1], qui se charge seul d'assurer leur jouissance et de veiller sur leur sort. Il est absolu, détaillé, régulier, prévoyant et doux. Il ressemblerait à la puissance paternelle si, comme elle, il avait pour objet de préparer les hommes à l'âge viril ; mais il ne cherche au contraire, qu'à les fixer irrévocablement dans l'enfance ; il aime que les citoyens se réjouissent, pourvu qu'ils ne songent qu'à se réjouir. Il travaille volontiers à leur bonheur ; mais il veut en être l'unique agent et le seul arbitre ; il pourvoit à leur sécurité, prévoit et assure leurs besoins, facilite leurs plaisirs, conduit leurs principales affaires, dirige leur industrie, règle leurs successions, divise leurs héritages ; que ne peut-il leur ôter entièrement le trouble de penser et la peine de vivre ?

C'est ainsi que tous les jours il rend moins utile et plus rare l'emploi du libre arbitre ; qu'il renferme l'action de la volonté dans un plus petit espace, et dérobe peu à peu chaque citoyen jusqu'à l'usage de lui-même. L'égalité a préparé les hommes à toutes ces choses : elle les a disposés à les souffrir et souvent même à les regarder comme un bienfait. [...]

J'ai toujours cru que cette sorte de servitude, réglée, douce et paisible, dont je viens de faire le tableau, pourrait se combiner mieux qu'on ne l'imagine avec quelques-unes des formes extérieures de la liberté, et qu'il ne lui serait pas impossible de s'établir à l'ombre même de la souveraineté du peuple.

Charles-Alexis Clérel de Tocqueville, *De la démocratie en Amérique*, UGE 10/18, 1981, pp. 361-362.

1 Tutélaire : protecteur, à la façon d'une divinité.

Frédéric-Auguste Bartholdi (1834-1904), *La Liberté éclairant le monde*, 1886. New York.

2. Les ordinateurs peuvent-ils penser ?

les faits ■

Les ordinateurs sont désormais capables d'effectuer un grand nombre d'opérations qui étaient jadis réservées à l'esprit humain. Ils peuvent jouer aux échecs, faire de la comptabilité, corriger des fautes d'orthographe et de grammaire, créer des images de synthèse, faire de la composition musicale, assister le diagnostic médical avec l'aide des systèmes experts, etc. Selon toute vraisemblance, la progression de l'informatique ne devrait pas s'interrompre dans les décennies à venir.

le problème philosophique ■

Y a-t-il une objection de principe à ce qu'on fabrique un jour une machine capable de penser ?

La philosophie spiritualiste estimait que seule une substance immatérielle, âme ou esprit, était capable d'expliquer l'activité mentale. Or les progrès de la physiologie du cerveau et de l'intelligence artificielle semblent donner raison au matérialisme qui considère que la pensée résulte de l'activité des neurones. Si cette activité peut être mécanisée, qu'est-ce qui s'oppose à l'idée qu'une machine puisse penser ?

les arguments en présence ■

Thèse A. Rien ne s'oppose à l'idée qu'une machine puisse un jour penser.

Les croyances spiritualistes ne permettent pas de comprendre les processus de la pensée. Mais si l'esprit est une fonction du corps, on ne voit pas pour quelle raison il serait impossible d'en découvrir le mécanisme et par suite de le reproduire artificiellement.

1 Les débuts de la pensée. – Les ordinateurs peuvent d'ores et déjà effectuer plusieurs opérations mentales : classer, trier, mémoriser, calculer, raisonner, etc. Or qu'est-ce que la pensée si ce n'est l'ensemble de toutes les opérations de ce genre ?

2 Les interdits ridicules. – L'histoire des sciences et des techniques est pleine de déclarations péremptoires déclarant impossible telle ou telle activité. Cette liste de prétendues impossibilités prête aujourd'hui à sourire. Dispensons-nous du ridicule de l'allonger par un nouvel « impossible ».

3 Tous les supports sont bons. – Pour effectuer des opérations identiques, on peut utiliser des supports matériels différents. La machine à calculer de Pascal utilisait des pièces d'horlogerie mécanique ; les même calculs peuvent maintenant être effectués par des ordinateurs électroniques. Il n'y a aucune raison pour que les activités mentales ne puissent être effectuées par un dispositif artificiel avec autant de succès que par un organe vivant.

Thèse B. L'activité des ordinateurs ne peut simuler que la partie la plus mécanique de la pensée.

La pensée humaine n'est pas réductible aux opérations d'une machine. L'échec des projets de traduction automatique vient de ce que la pensée est l'activité d'un organe vivant, le cerveau, lui-même partie d'un individu vivant.

1 La pensée floue. – Les ordinateurs peuvent travailler sur des symboles définis de façon précise, comme les pièces du jeu d'échec par exemple, mais non sur des notions aux contours flous comme c'est le cas de la plupart de celles qui constituent la pensée humaine.

2 Une impossibilité logique. – Le résultat des opérations effectuées par un ordinateur est destiné à être interprété par la personne qui l'utilise. Dans ces conditions, si notre cerveau est lui-même un ordinateur, il n'y a plus personne pour en interpréter les résultats.

3 Calculer n'est pas penser. – La pensée humaine fait bien autre chose que calculer et raisonner ; elle fait des choix, porte des jugements de valeur de nature morale, politique, esthétique, toutes choses incertaines qu'une machine est incapable de faire.

3. La conscience morale n'est-elle qu'un produit des circonstances sociales ?

les faits

L'histoire des mœurs et des représentations morales montre que des comportements qui suscitent aujourd'hui une réprobation de la conscience morale ont été vécus jadis avec une totale « bonne conscience ». Ainsi, l'esclavage, la mutilation des femmes, le travail de force pour les enfants, les supplices inhumains destinés aux délinquants ont été jugés jadis, et parfois aujourd'hui encore, comme des situations parfaitement normales.

le problème philosophique

La conscience morale n'est-elle que l'intériorisation des valeurs dominantes de notre milieu social ?

les arguments en présence

Thèse A. La conscience est le produit de normes transmises par l'éducation.

Les sciences sociales, la psychanalyse ont rendu familière l'idée que nos repères moraux sont façonnés par notre milieu familial et social. C'est pourquoi même les grands esprits du passé ont jugé les comportements en vigueur de leur temps avec des critères moraux produits par leur époque.

Thèse B. Il y a en l'homme une capacité à s'élever au-dessus des conventions du milieu ambiant.

S'il n'existait pas une conscience morale indépendante de la pression sociale, on ne pourrait expliquer la résistance morale d'un Socrate ou d'un Soljenitsyne au conformisme moral dans lequel l'un et l'autre ont été élevés mais contre lequel ils ont su entrer en dissidence.

4. Faut-il vouloir penser par soi-même ?

les faits

Qu'est-ce qui définit mieux la personne en ce qu'elle a d'original que l'effort pour penser non seulement sans le secours des autres, mais même contre les autres ? Les conditions matérielles d'un examen de conscience en témoignent : solitude, silence, retraite. Les crises qui opposent un adolesent à ses parents sont, elles aussi, interprétées comme un passage nécessaire par l'opposition aux autres dans le but de construire sa propre personnalité.

le problème philosophique

Penser par soi-même, est-ce penser sans les autres ?

les arguments en présence

Thèse A. Une pensée originale doit éviter toute influence d'autrui.

L'indépendance d'esprit, l'autonomie du jugement, l'aptitude à trouver en soi-même les ressources nécessaires à une pensée originale, voilà autant de facteurs qui montrent que les autres ne nous sont d'aucun secours réel pour édifier notre personnalité.

Thèse B. Sans l'apport intellectuel des autres, notre pensée propre ne pourrait prendre forme.

Nous sommes formés par le langage qui nous vient des autres. C'est lui qui nous apporte les concepts et les représentations avec lesquels nous pensons le monde extérieur, les autres hommes et finalement nous-mêmes. On ne s'affirme soi-même qu'en s'opposant aux autres et, ne serait-ce qu'en cela, on a besoin d'eux.

5. Faut il condamner l'individualisme ?

les faits

Dans les sociétés archaïques chacun se définit avant tout par son appartenance au groupe tribal, familial, religieux, sexuel, etc. L'individu capable de penser par lui-même, de décider en conscience de sa conduite, de faire ce qu'il veut de sa vie, est un produit de l'histoire moderne. C'est pourquoi la notion d'individu est au cœur des débats que suscitent tous les aspects de la modernité.

le problème philosophique

L'individualisme est-il dissociable des valeurs de l'humanisme ?

les arguments en présence

Thèse A. L'individualisme est un ferment de décomposition sociale.

Avec les progrès de la modernité, la civilisation occidentale a perdu le sens de la solidarité collective. Il faut combattre l'individualisme sous toutes ses formes : à savoir l'indifférence au destin collectif, l'égoïsme devant les injustices sociales, le repli solitaire sur le domaine privé.

Thèse B. L'homme doit être respecté pardessus tout dans son existence individuelle.

La société est faite pour l'individu et non l'individu pour la société. Les valeurs de solidarité ne sont nullement incompatibles avec l'individualisme, car une société vraiment fraternelle doit défendre en chacun l'individu irremplaçable qu'il a conscience d'être.

6. Est-il possible de mentir sans s'en rendre compte ?

les faits

Certains ont une irrésistible tendance à enjoliver la réalité, à user systématiquement d'exagérations, à dissimuler les petites fautes comme les grandes et le plus souvent sans aucun bénéfice visible. On peut les dire affectés d'un penchant à mentir sans même le savoir.

le problème philosophique

Une dissimulation qui n'est pas consciente est-elle un mensonge ?

les arguments en présence

Thèse A. Tout mensonge est par nature un acte conscient.

Un mensonge suppose une personne trompée, victime d'une illusion, et un trompeur qui manipule cette personne sciemment. Mais le névrosé atteint de mythomanie n'est pas à proprement parler un menteur.

Thèse B. L'habitude de mentir devient chez certains une seconde nature.

L'acte de mentir n'a pas pour seul effet de tromper celui qui en est dupe. Il crée chez le trompeur lui-même un ensemble d'automatismes, d'attitudes mentales et même tout un mode de vie dans lequel il finit par ne plus discerner ses mensonges. Il est pourtant menteur dans la mesure où il a créé délibérément cet état de tromperie machinale qui lui permet de garder bonne conscience.

BAC

Préparer une dissertation

premier sujet

Pourquoi refuse-t-on la conscience à l'animal ?

les mots de l'énoncé

1 Le mot *conscience* employé à propos de l'animal peut-il avoir le sens de « conscience morale » ?
2 Sur quel argument s'appuie-t-on quand on dit qu'une pierre n'a pas de conscience ?
3 L'animal possède-t-il ce qui manque à la pierre ?
4 Ce qui distingue l'animal de la pierre suffit-il à définir la conscience chez l'homme ?
5 Que représente le *on* de l'énoncé ?

la forme de la question

6 Le verbe *refuser* a-t-il dans cet énoncé un autre sens que dans l'expression : « Le juge a refusé à cette personne le statut de tuteur » ?
7 Une question du type : « Pourquoi refuse-t-il de me prêter sa voiture ? », admet deux styles de réponses : a) avec une raison objective – « parce que je n'ai pas mon permis » ; b) avec une raison subjective - « parce qu'il n'a pas confiance en moi ». Dites quel type de réponse (a ou b) l'énoncé appelle.

les idées qui font le problème

8 Dans notre attitude vis-à-vis des animaux, quelles conséquences pourrions-nous tirer de l'idée qu'ils n'ont pas de conscience ?
9 Y a-t-il dans l'animal des traits qui le rendent proche de nous ?
10 Si c'est le cas, quelles conséquences devrions nous en tirer dans notre attitude envers eux ?

deuxième sujet

L'inconscient est-il en moi nature ou histoire ?

les mots de l'énoncé

1 Par quoi peut-on remplacer *en moi* ?
2 Les mots *nature* et *histoire* sont-ils pris ici au sens strict ?
3 Parmi ces caractéristiques de la *nature*, lesquelles pourraient définir l'inconscient :
– déterminé par des lois universelles,
– immuable,
– étranger à tout point de vue moral ?
4 Parmi ces caractéristiques de l'*histoire*, lesquelles pourraient définir l'inconscient :
– accessible à la mémoire,
– un terrain d'action pour la liberté,
– du domaine de l'acquis et du transmis ?

la forme de la question

5 Dans cette question, le *ou* peut-il être remplacé par « ou bien » ?
6 Dans cette question, le *ou* peut-il être remplacé par « et » ?

les idées qui font le problème

7 Par quels traits essentiels l'histoire se distingue-t-elle de la nature ?
8 Peut-on dire que pour l'homme l'histoire est en un certain sens une nature ?
9 Si l'on assimile l'inconscient à la nature, quelles conséquences en découlent sur notre attitude vis-à-vis de la dimension inconsciente de notre personne ?
10 Si l'on assimile l'inconscient à l'histoire, quelles conséquences en découlent sur notre attitude vis-à-vis de la dimension inconsciente de notre personne ?

troisième sujet — *Peut-on en appeler à la conscience contre la loi ?*

les mots de l'énoncé

1 Que signifie *en appeler à* ?
2 Quand une personne a été condamnée par un tribunal, que signifie « faire appel » ?
3 En quel sens (a, b ou c) le mot *conscience* est-il employé dans l'énoncé : a) Il a perdu rapidement conscience ; b) Ma conscience m'interdit de tuer ; c) Il passe les vitesses sans en avoir conscience ?
4 S'agit-il dans l'énoncé de la loi : a) au sens physique (« Les corps obéissent à la loi de l'attraction ») ; b) au sens moral (« Tu ne tueras point », enseigne la Bible) ; c) au sens juridique et politique (« La loi punit la publicité mensongère ») ?

la forme de la question

5 Que signifie l'article défini *la* dans *la loi* ? Une autre formulation est-elle acceptable ?
6 De quelle façon la question *peut-on* doit-elle être comprise ici : a) est-ce permis ? b) est-ce réalisable ? c) est-ce légitime ?

les idées qui font le problème

7 Pourquoi pourrait-on, dans ces trois situations, voir employer une phrase voisine de l'énoncé :
– au cours du Procès de Nuremberg,
– au sein d'une armée en campagne,
– des militants qui s'opposent à l'expulsion légale d'un locataire ?
8 Quel danger y a-t-il à considérer que la conscience pourrait en toutes circonstances remplacer la loi ?
9 A quoi doit s'attendre celui qui en appelle à la conscience contre la loi ?
10 Un conflit entre la conscience et la loi peut-il faire évoluer la loi ?

quatrième sujet — *Suis-je le mieux placé pour savoir ce que je suis ?*

les mots de l'énoncé

1 Dans quels domaines la place qu'on occupe influe-t-elle sur l'observation qu'on fait ?
2 Parmi ces formules, lesquelles peuvent remplacer l'expression *savoir ce que je suis* : savoir qui je suis, connaître mes possibilités, savoir ce que j'aimerais être ?
3 Y a-t-il des aspects de ce que je suis dont la connaissance est aussi facile pour moi que pour autrui ?

la forme de la question

4 La question posée par l'énoncé sous-entend qu'il y a une opinion répandue sur ce problème. Laquelle ?

les idées qui font le problème

5 En quoi suis-je mieux placé que les autres pour savoir ce que je suis ?
6 Qu'est-ce qui peut m'amener à découvrir que je ne suis pas le mieux placé pour me connaître ?
7 En quoi un autre est-il mieux placé que moi pour savoir ce que je suis ?
8 Parmi ces relations lesquelles permettent à l'autre de mieux me connaître : l'amitié, l'amour, la rivalité, l'indifférence ?
9 Que puis-je apprendre sur moi de personnes qui me connaissent peu ou mal ?
10 Dans quelles circonstances de la vie ne puis-je prétendre que d'autres sont mieux placés que moi pour me connaître ?

BAC

Expliquer un texte

PREMIÈRE ÉTUDE DE TEXTE

Nietzsche
1882

La conscience n'est qu'un réseau de communications entre hommes ; c'est en cette seule qualité qu'elle a été forcée de se développer : l'homme qui vivait solitaire, en bête de proie, aurait pu s'en passer. Si nos actions, pensées, sentiments et mouvements parviennent – du moins en partie – à la surface de notre conscience, c'est le résultat d'une terrible nécessité qui a longtemps dominé l'homme, le plus menacé des animaux : il avait *besoin* de secours et de protection, il avait *besoin* de son semblable, il était obligé de savoir dire ce besoin, de savoir se rendre intelligible ; et pour tout cela, en premier lieu, il fallait qu'il eût une « conscience», qu'il « sût » lui-même ce qui lui manquait, qu'il « sût» ce qu'il sentait, qu'il « sût» ce qu'il pensait. Car comme toute créature vivante, l'homme pense constamment, mais il l'ignore. La pensée qui devient *consciente* ne représente que la partie la plus infime, disons la plus superficielle, la plus mauvaise, de tout ce qu'il pense : car il n'y a que cette pensée qui *s'exprime en paroles, c'est-à-dire en signes d'échanges,* ce qui révèle l'origine même de la conscience.

Friedrich Nietzsche, *Le Gai Savoir,* §354, trad. A. Vialatte, Gallimard, coll. «Idées», 1950, pp. 306-307.

lire le texte

La conscience n'est qu'un réseau de communications entre hommes [...].

1 Nietzsche s'oppose à une idée en écrivant cette phrase. A quoi le voyez-vous ?

2 A quelle idée s'oppose-t-il ?

[...] c'est en cette seule qualité qu'elle a été forcée de se développer [...].

3 Par quel mot Nietzsche s'oppose-t-il aux philosophes qui pensent que la conscience est une faculté naturelle de l'esprit humain ?

Si nos actions, pensées, sentiments et mouvements parviennent – du moins en partie – à la surface de notre conscience, c'est le résultat d'une terrible nécessité [...].
[...] il avait besoin *de son semblable, il était obligé de savoir dire ce besoin, de savoir se rendre intelligible [...].*

4 Reconstituez l'argumentation logique qui permet le passage entre ces deux phrases.

[...] il fallait qu'il eût une « conscience », qu'il «sût» lui-même ce qui lui manquait, qu'il «sût» ce qu'il sentait, qu'il «sût» ce qu'il pensait.

5 Pourquoi le mot « conscience » et le verbe « savoir » sont-ils mis entre guillemets ?

La pensée qui devient consciente *ne représente que la partie la plus infime, disons la plus superficielle, la plus mauvaise, de tout ce qu'il pense car il n'y a que cette pensée qui* s'exprime en paroles, c'est-à-dire en signes d'échanges *[...]* .

6 Parmi toutes nos pensées, quelle sont celles, selon Nietzsche, qui deviennent conscientes ?

7 Quel est selon l'auteur le rôle essentiel des paroles ?

trouver la problématique

8 Pourquoi valorise-t-on d'habitude la part consciente de la pensée humaine ?

9 Lorsque Nietzsche dit que seule une partie de notre pensée devient consciente, de quel penseur peut-il être rapproché ?

10 Faut-il suivre nos pensées inconscientes ou les amener à la conscience ?

■ DEUXIÈME ÉTUDE DE TEXTE ■

Bergson
1911

Qu'arrive-t-il quand une de nos actions cesse d'être spontanée pour devenir automatique ? La conscience s'en retire. Dans l'apprentissage d'un exercice, par exemple, nous commençons par être conscients de chacun des mouvements que nous exécutons, parce qu'il vient de nous, parce qu'il résulte d'une décision et implique un choix ; puis, à mesure que ces mouvements s'enchaînent davantage entre eux et se déterminent plus mécaniquement les uns les autres, nous dispensant ainsi de nous décider et de choisir, la conscience que nous en avons diminue et disparaît. Quels sont, d'autre part, les moments où notre conscience atteint le plus de vivacité ? Ne sont-ce pas les moments de crise intérieure, où nous hésitons entre deux ou plusieurs partis à prendre, où nous sentons que notre avenir sera ce que nous l'aurons fait ? Les variations d'intensité de notre conscience semblent donc bien correspondre à la somme plus ou moins considérable de choix ou, si vous voulez, de création, que nous distribuons sur notre conduite. Tout porte à croire qu'il en est ainsi de la conscience en général. Si conscience signifie mémoire et anticipation, c'est que conscience est synonyme de choix.

Henri Bergson, *L'Énergie spirituelle,* PUF, coll. « Quadrige », 1982, p. 11.

lire le texte ■

1 Qu'est-ce qu'une action spontanée ? Donnez-en quelques exemples.

[...] nous commençons par être conscients de chacun des mouvements que nous exécutons, parce qu'il vient de nous, parce qu'il résulte d'une décision et implique un choix [...].

2 Quelles sortes de choix suppose l'exécution de tel ou tel mouvement ?

[...] à mesure que ces mouvements s'enchaînent davantage entre eux et se déterminent plus mécaniquement les uns les autres, nous dispensant ainsi de nous décider et de choisir, la conscience que nous en avons diminue et disparaît.

3 En quoi ces mouvements se déterminent-ils *plus mécaniquement les uns les autres* ?

4 Indiquez dans le texte le moment ou l'auteur quitte l'étude de l'automatisme. Quel mot de liaison souligne ce changement ?

Ne sont-ce pas les moments de crise intérieure, où nous hésitons entre deux ou plusieurs partis à prendre, où nous sentons que notre avenir sera ce que nous l'aurons fait ?

5 Qu'entend l'auteur par l'expression *crise intérieure* ?

[...] la somme plus ou moins considérable de choix ou, si vous voulez, de création, que nous distribuons sur notre conduite [...].

6 Pourquoi le mot *création* pourrait-il remplacer le mot *choix* ?

Si conscience signifie mémoire et anticipation, c'est que conscience est synonyme de choix.

7 Dites en quoi, pour effectuer un choix quelconque, on a besoin à la fois de sa mémoire et de capacité d'anticipation.

trouver la problématique ■

8 Pour Bergson, quels sont les moments de notre vie où notre conscience est la plus vive ?

9 Montrez comment Bergson, en fixant comme il le fait les conditions d'apparition de la conscience, permet de savoir si les animaux ou les végétaux ont une conscience.

10 Ce que dit Bergson dans ce texte de la conscience psychologique peut-il s'appliquer aussi à la conscience morale ?

■ TROISIÈME ÉTUDE DE TEXTE ■

Alain
1929

[La conscience] est le savoir revenant sur lui-même et prenant pour centre la personne humaine elle-même, qui se met en demeure de décider et de se juger. Ce mouvement intérieur est dans toute pensée ; car celui qui ne se dit pas finalement : «Que dois-je penser ?» ne peut pas être dit penser.

La conscience est toujours implicitement morale ; et l'immoralité consiste toujours à ne point vouloir penser qu'on pense, et à ajourner le jugement intérieur. On nomme bien inconscients ceux qui ne se posent aucune question d'eux-mêmes à eux-mêmes. Ce qui n'exclut pas les opinions sur les opinions et tous les savoir-faire, auxquels il manque la réflexion, c'est-à-dire le recul en soi-même qui permet de se connaître et de se juger ; et cela est proprement la conscience.

Rousseau disait bien que la conscience ne se trompe jamais, pourvu qu'on l'interroge. Exemple : ai-je été lâche en telle circonstance ? Je le saurai si je veux y regarder. Ai-je été juste en tel arrangement ? Je n'ai qu'à m'interroger ; mais j'aime bien mieux m'en rapporter à d'autres.

Alain, « Définitions », dans *Les Arts et les Dieux*, Gallimard, coll. « Bibliothèque de la Pléiade », 1958, p. 1045.

lire le texte ■

[La conscience] est le savoir revenant sur lui-même et prenant pour centre la personne humaine elle-même, qui se met en demeure de décider et de se juger.

1 Un savoir porte sur une connaissance particulière : 2 + 3 font 5, la terre tourne, etc. mais sur quoi porte la conscience ?

[...] celui qui ne se dit pas finalement : «Que dois-je penser ?» ne peut pas être dit penser.

2 Si, lorsqu'on ne se pose pas cette question, ce qu'on fait ne s'appelle pas vraiment « penser », comment doit-on l'appeler alors ?

La conscience est toujours implicitement morale ; et l'immoralité consiste toujours à ne point vouloir penser qu'on pense, et à ajourner le jugement intérieur [...].

3 Dites ce que signifie *implicitement* et à quel terme il s'oppose.

4 Pourquoi est-il immoral de ne pas examiner nos pensées par notre pensée ?

[...] la réflexion, c'est-à-dire le recul en soi-même qui permet de se connaître et de se juger [...].

5 Ordinairement le mot *réflexion* désigne simplement le fait de penser avec une certaine concentration. Mais ce même mot désigne aussi un phénomène physique bien connu. Que vous inspire le rapprochement entre ces deux sens du mot *réflexion* ?

Rousseau disait bien que la conscience ne se trompe jamais, pourvu qu'on l'interroge [...].

6 De quelle conscience s'agit-il précisément dans ce passage ?

Je n'ai qu'à m'interroger ; mais j'aime bien mieux m'en rapporter à d'autres.

7 Pourquoi trouvons-nous souvent qu'il est plus confortable de laisser aux autres le soin de nous juger moralement ?

trouver la problématique ■

8 Un ordinateur qui calcule peut-il être dit *penser* au sens où le mot est pris dans ce texte ?

9 A quoi reconnaît-on la vraie pensée ?

10 En quoi cette attitude est-elle morale ?

bilan

vocabulaire

Expliquez la différence entre les termes suivants :

1 conscience de soi – connaissance de soi
2 l'individu – la personne
3 subjectivité – objectivité
4 mauvaise conscience – bonne conscience
5 Donnez les deux sens du mot « identité »

Donnez la définition des mots et expressions suivants :

6 altérité
7 méconnaissance
8 la séparation des consciences
9 la liberté de conscience
10 l'autonomie de la conscience

connaissances

1 Quelle différence doit-on faire entre le sens ordinaire du verbe « tolérer » et la tolérance revendiquée par les philosophes ?
2 Qu'y a-t-il d'absolument certain pour ma conscience, dans chacune de mes pensées, même si elles sont fausses ?
3 Que veut-on dire au juste quand on s'exprime ainsi : « Depuis ces événements, je ne suis plus le même » ?
4 A quelles conditions un être est-il engagé par ses promesses ?
5 Comment la société peut-elle façonner nos convictions personnelles ?

texte

Une chose qui élève infiniment l'homme au-dessus de toutes les autres créatures qui vivent sur la terre, c'est d'être capable d'avoir la notion de lui-même, du *Je*. C'est par là qu'il devient une *personne* ; et, grâce à l'unité de conscience qui persiste à travers tous les changements auxquels il est sujet, il est une seule et même personne. La personnalité établit une différence complète entre l'homme et les *choses*, quant au rang et à la dignité. À cet égard, les animaux font partie des choses, dépourvus qu'ils sont de raison, et l'on peut les traiter et en disposer à volonté.

Emmanuel Kant, *Anthropologie du point de vue pragmatique*, trad. A. Renaut, Garnier-Flammarion, 1993, p. 51.

1 Pourquoi Kant parle-t-il d'une différence infinie entre l'homme et l'animal ?
2 En quoi cette *unité de la conscience qui persiste à travers tous les changements auxquels il est sujet* fait-elle de l'homme une *personne*, avec la signification morale que ce mot comporte ?
3 En quel sens Kant peut-il dire que *les animaux font partie des choses* ?
4 Donnez le synonyme du mot *raison* dans la dernière phrase.
5 Kant dit des animaux qu'*on peut les traiter et en disposer à volonté*. Cette formulation peut choquer. Sous quelle autre forme peut-on exprimer l'obligation de traiter différemment l'homme et l'animal ?

La règle au-dessus des consciences

Comment de libres consciences, étant donné tout ce qui les sépare, vont-elles pouvoir trouver un juste accord entre elles ?
On nomme raison la faculté présente en chacune d'elles de penser ce qui est vrai et juste pour les autres comme pour elle.
Une société laïque ne reconnaît pas d'autre autorité que la raison, de sorte que chaque élève doit recevoir à l'école le savoir et les règles de la pensée rationnelle.
Mais ce privilège accordé à la raison est-il injuste pour les autres formes de pensée, pour les croyances ?
Serait-il contraire à la vraie liberté de conscience ?

La raison

La bibliothèque de Londres bombardée, 23 octobre 1940. Photo Hulton Deutsch.

Cours

La raison pour penser juste

La raison est d'abord le triomphe de la parole sur la violence, ensuite l'instauration de règles pour les consciences. Se servir de sa raison est un choix, celui de chercher à se justifier face au jugement de l'autre. La raison est la recherche de ce qui est juste pour l'autre autant que pour soi. L'adjectif « juste » doit être entendu ici comme relatif à la vérité autant qu'à la morale et au droit. On parle de la justesse d'un raisonnement, de la justice d'une décision humaine.

La raison voudrait servir de règle aux consciences

Si la raison s'emploie à rechercher ce qui est juste, c'est parce que la conscience humaine est loin d'être toujours rationnelle. Elle imagine et rêve, elle croit et s'illusionne, elle s'émeut, se passionne et prend ses désirs pour des réalités. Les consciences individuelles peuvent sans doute se passer de la raison et communiquer entre elles par l'intermédiaire de l'art, des mythes ou des croyances. Toutefois, sans l'aide de la raison, elles ne pourront pas venir à bout de leurs divergences d'opinions. Il le faut pourtant, car on ne peut pas vivre ensemble si on ne dispose pas d'un moyen admis par tous pour définir ce qui s'impose à tous comme juste dans tous les domaines de notre vie collective.
La philosophie n'est rien d'autre que la prise en compte, poussée jusqu'à ses dernières conséquences, de cette exigence qui conduit à s'interroger sur ce qui est juste dans les domaines de la connaissance, de la morale et de la politique.

La raison pense ce qui est juste pour chaque esprit libre

Mais comment définir ce qui est objectivement juste, c'est-à-dire la justice et la justesse, quand il y a tant d'opinions divergentes à ce sujet ? On dira que le critère de la justice est de respecter les droits des uns autant que des autres, et celui de la justesse de s'imposer au jugement des uns autant que des autres. Le point de vue juste est celui qu'aurait un juge absolument impartial, s'il devait trancher un conflit d'intérêts ou d'opinions. On appellera donc « juste » ce qui s'impose comme tel à tout esprit libre.

Platon conversant avec ses disciples, mosaïque romaine ; Musée des Archives nationales, Naples.

Dirck Jacobscz (1562-1631), *Groupe d'arquebusiers*, 1529, (panneau central du triptyque) (huile sur toile, 122 × 184 cm) ; Rijksmuseum, Amsterdam.

Nouvelle difficulté : comment saura-t-on si un esprit est libre ou s'il est soumis à des influences perturbatrices qui l'empêchent de penser correctement ? Pour être libre, un esprit ne doit suivre que sa propre loi sans intrusion d'éléments étrangers. Cette loi que l'esprit reconnaît comme la sienne est la logique. L'esprit est libre quand il ne se soumet à aucune autorité extérieure, ne se laisse impressionner par aucun mystère, n'adhère à aucune idée non démontrée, quand il pense seulement par lui-même (texte 3 p. 209). Pour penser correctement, il nous faut interroger notre conscience intellectuelle en imposant silence à nos émotions. Soumise à sa seule logique et détachée de nos sentiments, notre conscience individuelle devient raison.

Ma raison est celle de tous les hommes

Ceux qui raisonnent supposent forcément la même raison chez les autres hommes. Descartes écrit au XVIIe siècle : « La puissance de bien juger, et distinguer le vrai d'avec le faux, qui est proprement ce qu'on nomme le bon sens ou la raison, est naturellement égale entre tous les hommes. » (Texte 2 p. 209) La raison est en effet, par définition, la règle valable pour tous les esprits, le point de vue commun à tous. On peut même dire que dans tous les domaines de la pensée, qu'il s'agisse de science, de droit ou de morale, il n'y a pas d'autre critère de la justesse que cette valeur universelle : est rationnel ce qui s'impose par le caractère irréfutable de ses arguments à tous les esprits.
On trouve cette exigence d'universalité à l'origine de la démocratie et à la base de la morale.

La raison a été inventée par la démocratie pour des esprits libres et égaux

La naissance de la raison dans la Grèce du VIe siècle avant J.-C. répond à un besoin politique apparu avec la démocratie (texte 1 p. 208). La cité athénienne reconnaissant la liberté et l'égalité aux citoyens qui la constituent, il a fallu trouver un moyen pour que les esprits libres et égaux puissent communiquer, agir les uns sur les autres, s'entendre sur ce qui est juste. La raison est la relation normale entre des esprits également libres. Elle est l'unique moyen de juger et de décider de ce qui est le bien commun. Elle ne s'adresse plus à la croyance, mais au jugement qui suit une réflexion. Elle naît du dialogue et du débat contradictoire, où chacun expose ses raisons et répond aux objections de l'adversaire.

La raison considère comme moral ce qui peut devenir une loi universelle

A la base de toutes les morales, on trouve l'idée qu'il n'est pas juste de faire à autrui ce qu'on ne voudrait pas qu'il nous fasse. Une règle est juste quand elle vaut également pour tous, quand elle me fait traiter autrui comme un autre moi-même. À partir de cette idée de réciprocité, Kant écrit au XVIIIe siècle qu'une action est juste si la règle qui dicte le choix (la maxime de l'acte) peut être proposée comme loi pour tous les hommes : « Je dois toujours agir de telle sorte que je puisse vouloir que ma maxime devienne une loi universelle. » (Texte 6 p. 211) Cette simple formule permet de vérifier si un acte est juste ou non. Je ne peux jamais prétendre par exemple avoir le droit de faire une fausse promesse. Si le recours aux fausses promesses était généralisé, celles-ci seraient discréditées d'avance et n'abuseraient plus personne. Le recours à la fause promesse ne pouvant sans contradiction devenir une loi universelle, il n'est donc pas conforme à la définition rationnelle du juste.

Le jugement de la raison est nécessairement impersonnel et abstrait

Pour parvenir à cette universalité du jugement, il faut éliminer du raisonnement ce qui est subjectif : d'une part les considérations particulières qui ne valent pas pour tous ; d'autre part ce qui provient du corps et du cœur et ne saurait tenir lieu d'argument. La raison est donc par nécessité une forme de pensée impersonnelle et abstraite, anonyme et désincarnée. Telle est sa limite.

C'est avec les mathématiques qu'on le voit le plus clairement. Une démonstration est vraie en mathématiques si le raisonnement qui la soutient présente en toute clarté ses points de départ et dit en quoi ils sont démontrés ou hypothétiques. Il faut qu'il définisse strictement le sens des termes qu'il utilise, et qu'il n'en change pas en cours de route. Qu'il passe d'une étape à l'autre selon des règles admises par la logique. Que les idées de départ et d'arrivée ne se contredisent pas entre elles. Enfin et surtout, il faut que les raisons avancées soient exposées à la critique et à une éventuelle réfutation. N'est rationnel que ce qui a été exposé à l'épreuve du doute et lui a résisté. Grâce au respect de ces conditions de transparence, de cohérence et de critique, le raisonnement mathématique entraîne nécessairement l'accord des esprits (texte 5 p. 211).

Mais peut-on soumettre tous les aspects et tous les domaines de notre existence à la loi de la raison ? Faut-il la limiter pour sauver d'autres valeurs ou lui confier entièrement notre destin ?

Vouloir limiter la raison est un acte de violence contre l'esprit

L'esprit libre veut tout examiner, tout expliquer, et rien n'est à ses yeux un mystère absolu. Les religions fondées sur une parole divine, révélée et indiscutable, peuvent avoir la tentation de s'opposer à l'esprit de libre examen, par crainte que les valeurs sacrées qu'elles défendent soient ébranlées par l'esprit critique. Athènes condamna à mort Socrate et l'exécuta, parce qu'il incitait les citoyens à raisonner sur les dieux de la cité. On admet dans notre type de société que la raison a le droit illimité de tout analyser et de tout expliquer, sans tabou. Lui imposer des limites et des interdits au nom de convictions indémontrables est un acte de pure violence contre la liberté de l'esprit.

La raison mérite que l'on combatte ses ennemis, car elle oblige chacun à penser en tenant compte des autres et en respectant leur droit de penser. Elle est en ce sens un des fondements du respect universel pour l'humanité. Elle reconnaît à chacun le droit de penser par lui-même. C'est ce droit qui rend possibles tous les autres droits de l'homme. La raison est également le pouvoir de l'esprit sur les passions et sur la folie, le signe d'un effort sur soi. Elle représente enfin le courage de regarder la réalité en face, aussi désagréable que cela soit.

Mais il y a un terrible danger à croire qu'on est parvenu, grâce aux lumières de la raison, à une connaissance certaine autorisant à diriger la vie des hommes. C'est là une conception religieuse de la raison, qui en dénie le caractère essentiel, l'ouverture à la critique (texte 8 p. 212).

Les risques d'une raison sans mesures

Ceux qui croient posséder la raison peuvent être tentés de réduire la liberté de croyance et d'opinion de ceux qui « pensent mal ». Cela a pu conduire à la terreur, par exemple au nom de la théorie de Marx.

La raison n'est plus qu'une folie si elle impose sa loi d'une façon dogmatique, c'est-à-dire comme si elle détenait un savoir absolu, et si elle veut régner dans des domaines où elle n'a pas à faire la loi. Une conception dogmatique et totalitaire de la raison est donc l'adversaire de la raison qui sait qu'elle ne possède que des conclusions relatives et provisoires, et qu'elle ne peut prétendre éliminer les autres façons de penser et de vivre.

La raison sait respecter les autres démarches et s'en inspirer

La philosophie réfléchit sur les limites de la raison autant que sur ses droits. Elle la définit comme abstraite et impersonnelle, et sait donc à quoi la raison doit renoncer pour penser de façon objective et universelle. Consciente des limites de la raison, la philosophie étudie avec intérêt les valeurs spirituelles venues des autres formes de pensée, et que l'humanité doit à l'art, aux religions, aux mythes, aux rêves.

Dans son éloge du rationalisme, Freud admet que ces richesses n'auraient jamais été produites par des moyens purement rationnels, et que la raison n'a pas le privilège de donner forme et sens à la vie humaine (texte 7 p. 212).

Une coopération laïque entre la raison et les autres démarches de l'esprit

Le rationalisme devient plus ouvert et compréhensif à l'égard des autres démarches de l'esprit, à mesure que les religions se laïcisent, c'est-à-dire qu'elles admettent la liberté de conscience et deviennent tolérantes. Nous savons maintenant que la raison n'est pas toute la pensée, que l'homme n'est pas fait d'une seule pièce, que son humanité ne se réduit pas à sa conscience intellectuelle (texte 4 p. 210). Il réfléchit, il calcule, certes, mais il imagine aussi, il rêve, il désire, il éprouve des sensations et des émotions, et il peut même décider d'être déraisonnable. « Même l'être le plus raisonnable, écrit Nietzsche, a de temps en temps besoin de retrouver la nature, c'est-à-dire *le fond illogique de sa relation avec toutes choses.* » On ne doit donc pas tout soumettre à la raison, à sa mesure et à sa règle. La raison a le droit de tout connaître sans se prendre pour toute la vérité.

Marylin Monroe sur le tournage des *Misfits*, de John Huston, 1960. Photo D. Stock.

Les idées dans le texte

■ TEXTE 1 ■ JEAN-PIERRE VERNANT, 1965

La naissance de la raison

La raison n'a pas toujours existé. Elle a été précédée par d'autres formes de pensée. J.-P. Vernant, helléniste, historien et philosophe, analyse comment la raison s'est élaborée, à partir des mythes et des mystères, pour se conformer aux exigences d'une cité démocratique.

Nous avons indiqué les deux traits qui caractérisent la nouvelle pensée grecque, dans la philosophie. D'une part le rejet, dans l'explication des phénomènes[1], du surnaturel et du merveilleux ; d'autre part la rupture avec la logique de l'ambivalence[2], la recherche, dans le discours, d'une cohérence interne, par une définition rigoureuse des concepts, une nette délimitation des plans du réel, une stricte observance du principe d'identité[3]. Ces innovations, qui apportent une première forme de rationalité, ne constituent pas un miracle. Il n'y a pas d'immaculée conception[4] de la Raison. L'avènement de la philosophie [...] est un fait d'histoire, enraciné dans le passé, se formant à partir de lui en même temps que contre lui. Cette mutation mentale apparaît solidaire des transformations qui se produisent, entre le VIIe et le VIe siècle, à tous les niveaux des sociétés grecques : dans les institutions politiques de la Cité, dans le droit, dans la vie économique, dans la monnaie. Mais solidarité ne signifie pas simple reflet. La philosophie, si elle traduit des aspirations générales, pose des problèmes qui n'appartiennent qu'à elle : nature de l'Être, rapports de l'Être et de la pensée. Pour les résoudre, il lui faut élaborer elle-même ses concepts, construire sa propre rationalité. Dans cette tâche, elle s'est peu appuyée sur le réel sensible[5] ; elle n'a pas beaucoup emprunté à l'observation des phénomènes naturels ; elle n'a pas fait d'expériences. La notion même d'expérimentation lui est demeurée étrangère. Sa raison n'est pas encore notre raison, cette raison expérimentale de la science contemporaine, orientée vers les faits et leur systématisation théorique. Elle a bien édifié une mathématique, première formalisation de l'expérience sensible ; mais, précisément, elle n'a pas cherché à l'utiliser dans l'exploration du réel physique. Entre le mathématique et le physique, le calcul et l'expérience, la connexion a manqué ; la mathématique est restée solidaire de la logique. Pour la pensée grecque, la nature représente le domaine de l'à-peu-près, auquel ne s'appliquent ni exacte mesure, ni raisonnement rigoureux. La raison ne se découvre pas dans la nature, elle est immanente[6] au langage. Elle ne se forme pas à travers les techniques qui opèrent sur les choses ; elle se constitue par la mise au point et l'analyse des divers moyens d'action sur les hommes, de toutes ces techniques dont le langage est l'instrument commun : l'art de l'avocat, du professeur, du rhéteur, de l'homme politique. La raison grecque, c'est celle qui permet d'agir de façon positive, réfléchie, méthodique, sur les hommes, non de transformer la nature. Dans ses limites, comme dans ses innovations, elle apparaît bien fille de la Cité.

Jean-Pierre Vernant, *Mythe et pensée chez les Grecs*, II, petite collection maspero, 1971, pp. 122-124.

1 Phénomènes : les choses telles qu'elles apparaissent, tout ce qui se produit dans la nature.

2 Ambivalence : caractère de ce qui comporte deux significations opposées.

3 Principe d'identité : principe qui exige qu'une proposition ne puisse pas être à la fois vraie et fausse ; l'identité est le contraire de l'ambivalence.

4 Immaculée conception : dogme selon lequel la Vierge Marie est née sans porter la marque du péché originel ; plus largement hérédité pure de toute tache.

5 Réel sensible : la réalité que nos sens peuvent percevoir.

6 Immanente : qui appartient à la nature interne d'une chose.

■ TEXTE 2 ■ DESCARTES, 1637

La même raison en tous

Tous les cercles sont également des cercles par leur forme, qu'ils soient grands ou petits. Peut-on en dire autant de la raison qui est présente en tous les hommes, et cela malgré leurs différences d'imagination, de vivacité d'esprit et de mémoire ? L'espèce humaine est-elle caractérisée par cette forme identique ?

Le bon sens est la chose du monde la mieux partagée ; [...] la puissance de bien juger, et distinguer le vrai d'avec le faux, qui est proprement ce qu'on nomme le bon sens ou la raison, est naturellement égale en tous les hommes ; et ainsi [...] la diversité de nos opinions ne vient pas de ce que les uns sont plus raisonnables que les autres, mais seulement de ce que nous conduisons nos pensées par diverses voies, et ne considérons pas les mêmes choses. Car ce n'est pas assez d'avoir l'esprit bon, mais le principal est de l'appliquer bien. [...] ceux qui ne marchent que fort lentement peuvent avancer beaucoup davantage[1], s'ils suivent toujours le droit chemin, que ne font ceux qui courent et qui s'en éloignent.

Pour moi, je n'ai jamais présumé que mon esprit fût en rien plus parfait que ceux du commun[2] ; même j'ai souvent souhaité d'avoir la pensée aussi prompte, ou l'imagination aussi nette et distincte, ou la mémoire aussi ample, ou aussi présente, que quelques autres. Et je ne sache point de qualités que celles-ci[3], qui servent à la perfection de l'esprit : car pour la raison, ou le sens, d'autant qu'elle est la seule chose qui nous rend hommes, et nous distingue des bêtes, je veux croire qu'elle est tout entière en un chacun, et suivre en ceci l'opinion commune des philosophes, qui disent qu'il n'y a du plus et du moins qu'entre les *accidents*[4], et non point entre les *formes*[5], ou natures, des *individus* d'une même *espèce*[6].

René Descartes, *Discours de la méthode pour bien conduire sa raison et chercher la vérité dans les sciences*, dans *Œuvres philosophiques*, Garnier, 1988, t. I, pp. 568-569.

1 Beaucoup davantage : bien davantage.

2 Ceux du commun : les esprits ordinaires.

3 Et je ne sache point de qualités que celles-ci : et je ne connais pas d'autres qualités que celles-ci.

4 Accident : ce qui n'est pas lié à la nature d'une chose et ne lui est pas nécessairement associé.

5 Forme : au sens d'essence, de nature, de ce qui caractérise.

6 Espèce : ensemble des individus caractérisés par la même forme, quelles que soient leurs différences accidentelles.

■ TEXTE 3 ■ DIDEROT, 1746

Raisonner avant de croire

Le XVIIIe siècle, dit siècle des Lumières, se bat pour que la raison ait le droit de porter son jugement sur tout, y compris sur les croyances. Diderot veut démontrer qu'une croyance vraie aurait tout à gagner à ce libre examen par la raison. Mais les croyances ont-elles besoin d'être démontrées ?

XXX

Qu'est-ce qu'un sceptique ? C'est un philosophe qui a douté de tout ce qu'il croit, et qui croit ce qu'un usage légitime[1] de sa raison et de ses sens lui a démontré vrai. [...]

XXXI

Ce qu'on n'a jamais mis en question n'a point été prouvé. Ce qu'on n'a point examiné sans prévention[2], n'a jamais été bien examiné. Le scepticisme est donc le premier pas vers la vérité. Il doit être général, car il en est la pierre de touche. Si pour s'assurer de l'existence de Dieu, le philosophe commence par en douter, y a-t-il quelque proposition qui puisse se soustraire à cette épreuve ?

XXXVI

Quand les dévots se déchaînent contre le scepticisme, il me semble qu'ils entendent[3] mal leur intérêt, ou qu'ils se contredisent. S'il est certain qu'un culte vrai, pour être embrassé, et qu'un faux culte, pour être abandonné, n'ont besoin que

1 Légitime : conforme aux exigences et aux règles du domaine considéré.

2 Sans prévention : sans idées préconçues.

3 Entendent : comprennent.

d'être bien connus, il serait à souhaiter qu'un doute universel se répandît sur la surface de la terre, et que tous les peuples voulussent bien mettre en question la vérité de leurs religions : nos missionnaires trouveraient la bonne moitié de leur besogne faite.

XXXVII

Celui qui ne conserve pas par choix le culte qu'il a reçu par éducation, ne peut non plus[4] se glorifier d'être chrétien ou musulman que de n'être point né aveugle ou boiteux. C'est un bonheur et non pas un mérite.

XXXVIII

Celui qui mourrait pour un culte dont il connaîtrait la fausseté, serait un enragé.
Celui qui meurt pour un culte faux, mais qu'il croit vrai ; ou pour un culte vrai, mais dont il n'a point de preuves, est un fanatique.
Le vrai martyr est celui qui meurt pour un culte vrai et dont la vérité lui est démontrée.

4 Non plus : pas plus.

Projet de décor de Juste Aurèle Meissonier, XVIIIe siècle ; Bibliothèque des Arts décoratifs, Paris.

LV

Tout raisonnement qui prouve pour deux partis, ne prouve ni pour l'un ni pour l'autre. Si le fanatisme a ses martyrs, ainsi que la vraie religion, et si entre ceux qui sont morts pour la vraie religion, il y a eu des fanatiques : ou comptons, si nous le pouvons, le nombre de morts, et croyons ; ou cherchons d'autres motifs de crédibilité.

Denis Diderot, *Pensées philosophiques,*
dans *Œuvres philosophiques,*
Garnier, 1964, pp. 24-30, 41-44.

Ce qui n'est pas géométrique est-il absence de raison ?

■ **TEXTE 4** ■ **PASCAL, 1662**

Croire avec la raison et au-delà d'elle

Pascal entend montrer dans toute son œuvre que la religion chrétienne ne choque en rien la raison, bien qu'elle la dépasse. Faut-il, pour croire, se placer sous l'influence d'autrui, ou croire par soi-même et à l'aide de sa raison ?

Deux excès : exclure la raison, n'admettre que la raison.
Si on soumet tout à la raison, notre religion n'aura rien de mystérieux et de surnaturel. Si on choque les principes de la raison, notre religion sera absurde et ridicule.

L'autorité. – Tant s'en faut[1] que d'avoir ouï dire une chose soit la règle de votre créance[2], que vous ne devez rien croire sans vous mettre en l'état comme si[3] jamais vous ne l'aviez ouï.
C'est le consentement de vous à vous-même, et la voix constante de votre raison, et non des autres, qui vous doit faire croire.

Blaise Pascal, *Pensées*, Gallimard,
coll « Bibliothèque de la Pléiade », 1954. pp. 1089 et 1154.

1 Tant s'en faut : il suffit si peu.
2 Créance : croyance.
3 Vous mettre en l'état comme si : avoir la même disposition d'esprit que si.

■ TEXTE 5 ■ DESCARTES, 1628

Raisonner en toutes choses comme en mathématiques

Pourquoi beaucoup d'hommes préfèrent-ils prendre position sur des questions obscures, où l'on peut prétendre n'importe quoi, plutôt que sur des questions où l'on peut être certain de ce que l'on dit ?

Scena magica, dans *De Architectura Libri Quinque*, de Sebastien Serlio, édition de Venise, 1569 ; Bibliothèque des Arts décoratifs, Paris.

De là se conclut avec évidence la raison pour laquelle l'arithmétique et la géométrie sont bien plus certaines que toutes les autres disciplines : c'est qu'elles seules traitent d'un objet si pur et si simple qu'elles n'admettent absolument rien que l'expérience ait rendu incertain, et qu'elles consistent tout entières à tirer des conséquences par voie de déduction rationnelle. Elles sont ainsi les plus faciles et les plus claires de toutes, et elles ont un objet tel que celui que nous exigeons, puisque en elles, sauf inadvertance, il semble que l'homme puisse difficilement se tromper. [...]

De tout cela il faut maintenant conclure, non point certes qu'on ne doive étudier que l'arithmétique et la géométrie, mais seulement que ceux qui cherchent le droit chemin de la vérité ne doivent s'occuper d'aucun objet à propos duquel ils ne puissent obtenir une certitude égale aux démonstrations de l'arithmétique et de la géométrie.

René Descartes, *Les Règles pour la direction de l'esprit,* trad. J. Brunschwig, dans *Œuvres philosophiques,* Garnier, 1988, t. I, règle II, pp. 83-84.

■ TEXTE 6 ■ KANT, 1785

Le critère de la raison morale

Il y a une façon très simple pour savoir si la règle de mon acte est morale aux yeux de la raison, c'est de vérifier si je peux sans contradiction logique en faire une loi pour tous. Est moral ce qui peut être une loi universelle. Critère simple, mais exigeant, on va le voir.

[...] je dois toujours agir de telle sorte que je puisse vouloir que ma maxime[1] devienne une loi universelle. Le seul principe qui dirige ici et doive diriger la volonté, [...] c'est donc cette simple conformité de l'action à une loi universelle (et non à une loi particulière applicable à certaines actions). Le sens commun[2] se montre parfaitement d'accord avec nous sur ce point dans ses jugements pratiques, et il a toujours ce principe devant les yeux.

Soit par exemple la question de savoir si je puis, pour me tirer d'embarras, faire une promesse que je n'ai pas l'intention de tenir. Je distingue ici aisément les deux sens que peut avoir la question : est-il prudent, ou est-il légitime de faire une fausse promesse ? Cela peut sans doute être prudent quelquefois. [...] Maintenant, pour arriver le plus vite et le plus sûrement possible à la solution de la question de savoir s'il est légitime de faire une promesse trompeuse, je me demande si je verrais avec satisfaction ma maxime (de me tirer d'embarras par une fausse promesse) érigée en une loi universelle (pour moi comme pour les autres), et si je pourrais admettre ce principe : chacun peut faire une fausse promesse, quand il se trouve dans un embarras dont il ne peut se tirer autrement ? Je reconnais aussitôt que je puis bien vouloir le mensonge, mais que je ne puis vouloir en faire une loi universelle. En effet, avec une telle loi, il n'y aurait plus proprement de promesse : quelle vanité que d'annoncer mes intentions pour l'avenir à des hommes qui ne croiraient point à cette déclaration !

Emmanuel Kant, *Fondements de la métaphysique des mœurs,* première section, trad. Barni, 1848, p. 23, dans Kant, *La Raison pratique,* PUF, coll. « Les grands textes », 1973, pp. 21-22.

1 Maxime : principe que le sujet se donne pour règle de conduite.
2 Sens commun : l'opinion la plus généralement partagée.

■ TEXTE 7 ■ FREUD, 1932

Pour la dictature de la raison

Freud, le père de la psychanalyse, souhaite ouvertement la dictature de la raison. Mais celle-ci peut-elle prendre la place de la religion et ne pas tomber dans la même intolérance ?

L'interdiction de penser qu'émet la religion, dans un but d'autoconservation, n'est inoffensive ni pour l'individu, ni pour la collectivité humaine. L'expérience analytique[1] nous a montré que cette interdiction, primitivement limitée à un certain domaine, tendait à prendre de l'extension, en devenant alors la cause de graves inhibitions dans le comportement de l'individu. [...] D'autre part, l'intellect – ou ce que nous appelons communément la raison – compte parmi ces forces dont nous pouvons espérer qu'elles exerceront sur les hommes une influence conciliatrice, ces hommes si rarement unis et par là même si difficilement gouvernables. Figurons-nous ce que serait la société humaine si chacun se servait d'une table de multiplication à lui, ainsi que d'unités de longueur et de poids particulières. Puisse un jour l'intellect – l'esprit scientifique, la raison – accéder à la dictature dans la vie psychique des humains ! tel est notre vœu le plus ardent. La raison – sa nature même nous en est garante – ne négligera pas de donner aux sentiments humains et à tout ce qu'ils déterminent la place qui leur est due. Cependant, obligés de se soumettre au joug de la raison, les hommes reconnaîtront qu'elle constitue le plus puissant des liens, celui dont on sera en droit d'attendre d'autres conciliations encore. Tout ce qui s'oppose, comme le fait l'interdiction religieuse de penser, à ce développement est un péril pour l'avenir de l'humanité.

1 Analytique : relatif à la psychanalyse.

Sigmund Freud, « D'une conception de l'univers »,
dans *Nouvelles conférences sur la psychanalyse,*
trad. A. Berman, Gallimard, coll. « Idées », 1975, pp. 226-227.

■ TEXTE 8 ■ POPPER, 1961

L'objectivité vient de la critique et du contrôle

L'objectivité des scientifiques tient-elle à leur honnêteté de pensée ? Et si la science avait garanti sa rationalité en instaurant des mesures de contrôle réciproque entre des individus comme les autres ?

Il est totalement erroné de supposer que l'objectivité de la science dépend de l'objectivité de l'homme de science. Et il est totalement erroné de croire que celui qui pratique les sciences de la nature serait plus objectif que celui qui pratique les sciences sociales. Celui qui pratique les sciences de la nature est tout aussi partial que les autres hommes et [...] il est malheureusement courant qu'il soit d'une partialité extrême pour les idées qu'il défend. Certains des physiciens contemporains les plus éminents ont même fondé des écoles qui opposent une résistance acharnée aux idées nouvelles [...].

Ce qu'on peut appeler objectivité scientifique repose uniquement et exclusivement sur la tradition critique qui, en dépit des résistances, rend souvent possible la critique d'un dogme qui prévaut. Autrement dit, l'objectivité de la science n'est pas une question d'individu, intéressant les hommes de science pris à part, mais une question sociale qui résulte de leur critique mutuelle, de la division du travail amicale-hostile entre scientifiques, de leur collaboration autant que de leur rivalité. Elle dépend donc partiellement d'une série de conditions sociales et politiques qui rendent cette critique possible.

Karl Popper, *La Logique des sciences sociales,* dans *De Vienne à Francfort, la querelle allemande des sciences sociales,* trad. J. Dewitte, Complexe, 1979, pp. 82-83.

Les idées par les mots

La raison doit se définir et se justifier

Le mot « **raison** » s'entend en trois sens : c'est un **idéal**, car la raison contient les idéaux du Vrai, du Bien et du Beau ; c'est une **attitude** conduisant à s'en remettre à la réflexion plutôt que de se laisser entraîner par la passion ; c'est enfin une **méthode**, qui consiste à respecter certaines règles intellectuelles et sociales dans l'examen des idées et des choses.

Le **rationalisme** soutient à la fois que rien au monde n'est inaccessible à la raison, et que celle-ci est l'attitude la plus digne de l'homme. Ce point de vue n'implique pas nécessairement que la raison soit une lumière absolue, immuable, ni qu'elle soit la seule forme légitime de pensée.

Les usages flottants du mot « raison »

Les **raisons** sont les justifications d'un acte aux yeux de celui qui l'a commis, même si la raison ne les admet pas pour de vraies raisons.

Avoir raison d'un adversaire ou d'une difficulté signifie qu'on a été le plus fort, mais pas nécessairement parce qu'on avait raison.

Rationaliser, c'est justifier par des raisons ce qui a été fait pour d'autres motifs.

Les critères du rationnel

Est reconnu comme **rationnel** ce qui a été démontré logiquement, se soumet à un examen critique, et, par conséquent, s'impose en droit à tous les esprits. La raison se juge à la validité **universelle** de ses énoncés. Cette universalité ne dépend pas de l'**accord unanime** des esprits, mais du fait qu'aucun n'a d'arguments objectifs à lui opposer.

La **logique** est la discipline qui enseigne quelles sont les formes de raisonnement autorisant le passage d'une idée à une autre. Les **mathématiques** représentent un modèle de raisonnement logique par enchaînement des idées. Un autre modèle de **rationalité** réside dans l'examen **dialectique** des arguments contradictoires au travers d'un **dialogue** réglé.

La raison rationnelle et la raison raisonnable

L'individu qui n'écoute que la raison a un comportement **rationnel**.

Celui qui fait preuve de **prudence** à l'égard de tous les emportements et des idées trop belles et trop simples est **raisonnable**. En philosophie, l'adjectif « raisonnable » se rapproche du mot « **sagesse** » et désigne l'application de la raison à la vie morale.

Les rivales de la raison

La raison doit se protéger de l'influence de l'**imagination** et de la **passion** qui s'enracinent surtout dans nos désirs, mais elle ne doit pas chercher forcément à leur nuire.

La **croyance** est l'adhésion à ce qui n'est pas démontré, et se distingue de l'attitude rationnelle. Croyance et raison peuvent coexister, tant entre les individus qu'à l'intérieur du même individu, dans la mesure où la croyance n'empêche pas le libre examen par la raison des idées auxquelles la croyance adhère.

Les ennemis de la raison

Les **préjugés** sont des jugements qui ne dérivent pas d'une réflexion, qui n'ont pas souci de la vérité, et qui refusent de se remettre en question.

Le **fanatisme**, croyance aveugle et intolérante, est l'ennemi absolu de la raison, qui y voit une forme de folie. Le **délire**, la **folie** et le fanatisme ont leur cohérence et leur rationalité internes. C'est leur impossibilité d'accepter l'examen de leurs idées par autrui qui est le signe de leur **irrationalité**.

Les dangers de la raison

Quand la raison prend sa méthode – le **doute** – pour une conclusion, elle aboutit au **scepticisme** qui consiste à douter absolument, y compris des vérités relatives dignes d'un certain degré de confiance.

Quand elle croit être parvenue à une certitude absolue elle devient **dogmatique**, c'est-à-dire qu'elle présente ses jugements comme des vérités indiscutables.

Elle peut ignorer ses limites, ce qui lui échappe, et devenir **intolérante** aux autres formes de pensée. La raison a même servi de caution au totalitarisme soviétique caractérisé en particulier par les formes religieuses du culte de l'État. Elle peut heureusement appliquer son doute à elle-même, en particulier au moyen de l'humour.

Lecture en questions

SAMUEL BUTLER, 1872

Erewhon

Samuel Butler, écrivain anglais du siècle dernier, nous décrit un pays imaginaire, Erewhon, où rien n'est tout à fait comme ailleurs mais où tout obéit à une parfaite logique. Les Erewhoniens partent du principe que ceux que nous appelons délinquants et criminels sont en fait les victimes de ces maladies que sont la misère, le chômage ou l'illettrisme. Cohérents avec eux-mêmes, ils ne les punissent pas mais les font soigner par des médecins de l'âme. Poursuivant son récit, Butler explique comment on traite les personnes atteintes de diabète ou de tuberculose.

Il avait été pendant très longtemps agent de change à la Bourse de la Capitale, et il y avait amassé une fortune colossale sans jamais sortir des limites de ce qu'on regardait comme légitime, ou tout au moins comme permis, en affaires. Mais enfin, en plusieurs occasions, il avait découvert en lui-même un désir de gagner de l'argent par des moyens frauduleux, et il s'était comporté à l'égard de deux ou trois sommes d'argent d'une façon qui l'avait un peu inquiété. Par malheur il avait négligé ces symptômes et n'avait attaché aucune importance à ce malaise jusqu'au jour où certaines circonstances l'eurent mis à même de frauder sur une très grande échelle. Il me dit quelles étaient ces circonstances, et vraiment il s'était conduit aussi vilainement que possible, mais il n'est pas nécessaire d'entrer dans les détails. Il saisit l'occasion qui s'offrait, et il comprit, mais trop tard, qu'il devait être sérieusement atteint. Il s'était négligé trop longtemps.

Il se fit aussitôt reconduire chez lui, annonça la chose à sa femme et à ses filles avec tous les ménagements possibles, et appela un des plus célèbres redresseurs du royaume en consultation avec le redresseur de la famille car le cas

Imagerie populaire, fabrique de Pellerin à Épinal.

était certainement très grave. Quand le redresseur arriva, il lui raconta son histoire, et lui dit qu'il craignait que son sens moral ne fût définitivement corrompu.

Cet homme éminent le rassura par quelques paroles réconfortantes, et se mit en devoir de faire un diagnostic plus précis de la maladie. Il voulut se renseigner sur les parents de M. Nosnibor. Jouissaient-ils d'une bonne santé morale ? M. Nosnibor lui répondit qu'ils n'avaient jamais eu rien de bien grave ; mais que son grand-père maternel, à qui on trouvait qu'il ressemblait physiquement, avait été une parfaite fripouille, et avait fini ses jours à l'hôpital, tandis qu'un frère de son père, après avoir mené pendant des années une existence infâme, avait été guéri enfin par un philosophe d'une école nouvelle qui, à ce que je crus comprendre, était par rapport à l'ancienne école ce qu'est l'homéopathie par rapport à l'allopathie. En entendant cela le redresseur hocha la tête et répondit en riant que la guérison n'avait pu être due qu'à la Nature. Il posa encore quelques questions, puis il écrivit une ordonnance et s'en alla.

Je vis l'ordonnance. Elle prescrivait le versement, à l'État, d'une amende double de la somme détournée ; pas d'autre nourriture que du pain sec et du lait pendant six mois, et une bonne fustigation par mois pendant une année.

Je fus surpris de voir qu'aucune partie de l'amende ne devait être payée à la pauvre femme dont l'argent avait été détourné ; mais quand je voulus me renseigner là-dessus on me dit qu'elle aurait dû être poursuivie devant le Tribunal de la Confiance Mal Placée, si elle ne s'était pas tirée de ses griffes en mourant peu de temps après avoir découvert qu'elle était ruinée. [...] Mais peut-être le lecteur pourra-t-il se faire une notion encore plus exacte du complet renversement d'idées qui existe chez ce peuple extraordinaire, si je lui raconte le procès public d'un homme accusé de phtisie pulmonaire, crime qui était, il n'y a pas encore très longtemps, puni de mort. [...]

On fit asseoir le prisonnier au banc des accusés et le jury prêta serment à peu près de la même manière qu'en Europe. Presque toutes nos formes de procédure se trouvaient reproduites, jusqu'à la question posée au prisonnier s'il plaidait coupable ou non coupable. Il plaida non coupable, et le procès commença. L'accusation s'appuyait sur de fortes présomptions ; mais je dois dire, pour rendre justice à la Cour, que le procès fut conduit avec la plus grande impartialité. Le défenseur de l'accusé put faire valoir tous les arguments capables d'exonérer son client. Sa thèse était que l'accusé faisait semblant d'être phtisique afin de frauder une compagnie d'assurance sur la vie, à laquelle il était sur le point d'acheter une rente viagère, qu'il espérait obtenir, par ce moyen, à meilleur compte. Si on avait pu démontrer que cela était vrai l'accusé aurait été absous et envoyé dans un hôpital comme atteint d'un mal moral. Mais cette thèse ne pouvait raisonnablement pas se soutenir, en dépit de toutes l'ingéniosité et de toute l'éloquence d'un des plus célèbres avocats du pays. La chose n'était que trop évidente, car l'accusé était presque mourant, et il était surprenant qu'il n'eût pas été jugé et condamné depuis longtemps déjà. Il ne cessa pas de tousser tant que durèrent les débats, et les deux geôliers qui le gardaient eurent toutes les peines du monde à le maintenir debout jusqu'à la fin.

Les conclusions du juge furent admirables [...] :

« Inculpé qui comparaissez ici, vous avez été accusé d'un grand crime : celui d'être atteint de phtisie pulmonaire ; et, après un procès impartial fait en présence d'un jury composé de vos concitoyens, vous avez été jugé coupable. Je n'ai rien à dire contre la justice du verdict ; les preuves contre vous sont accablantes, et il ne me reste qu'à prononcer un jugement qui remplisse les intentions de la loi. Ce jugement sera sévère. Ce n'est pas sans douleur que je vois un homme si jeune encore, et dont l'avenir s'annonçait si brillant, conduit à cette situation déplorable par une constitution physique que je ne puis que considérer comme radicalement viciée. Mais votre cas à vous n'est pas digne de compassion : ce n'est pas là votre première faute : vous avez vécu une vie de crimes, et n'avez mis à profit l'indulgence avec laquelle on vous a traité plusieurs fois déjà, que pour enfreindre encore plus gravement les lois et les institutions de votre pays. L'année dernière vous avez été reconnu coupable de bronchite aiguë ; et je constate que, malgré que vous n'ayez que vingt-trois ans, vous avez été condamné jusqu'à quatorze fois pour des maladies d'un genre plus ou moins odieux ; enfin, il n'y a pas d'exagération à dire que vous avez passé la plus grande partie de votre existence dans les prisons.

Raoul Hausmann (1886-1971), *Festival Dada*, 1920 (collage sur papier Japon) ; Annely Juda Fine Arts gallery, Londres.

« Vous avez beau dire que vous êtes né de parents malsains et que vous avez eu dans votre enfance un grave accident qui a complètement ruiné votre santé ; de telles excuses sont la ressource habituelle des criminels ; mais la justice ne saurait leur prêter l'oreille un seul instant. Je ne suis pas ici pour m'occuper de certaines questions métaphysiques assez délicates sur l'origine de ceci ou de cela, questions avec lesquelles on n'en finirait jamais, du jour où on leur aurait entr'ouvert la porte de cette enceinte, et dont le résultat serait de rejeter toute culpabilité sur les tissus de la cellule primitive ou sur les gaz élémentaires. On ne cherche pas à savoir comment ou pourquoi vous êtes devenu criminel, mais uniquement ceci : Êtes-vous, oui ou non, criminel ? La question est tranchée par l'affirmative, et je déclare sans la moindre hésitation que cette décision est juste. Vous êtes un individu mauvais et dangereux, et vous portez aux yeux de tous vos compatriotes le stigmate d'un des crimes les plus abominables qu'on connaisse.

« Ce n'est pas à moi de justifier la loi : dans certains cas la loi peut avoir des sévérités inévitables, et il peut m'arriver parfois de regretter de n'avoir pas la possibilité de rendre un jugement moins sévère que celui que je suis obligé de rendre. Mais votre cas n'a rien de commun avec ceux-là ; au contraire, si la loi qui punissait de mort la phtisie n'avait pas été abrogée, je vous l'appliquerais.

« Il n'est pas admissible que l'exemple d'une telle dépravation puisse impunément s'étaler au grand jour. Votre présence au milieu de personnes respectables pourrait induire les gens les moins vigoureux à regarder toutes les maladies comme des fautes sans gravité [...].

« Mais je ne veux pas m'étendre davantage sur des considérations qui sont si évidentes par elles-mêmes. Vous pouvez prétendre que ce n'est pas de votre faute. Cette réponse, certes, est facile à faire, et elle revient à dire que si vous étiez né de parents sains et aisés, et si on vous avait bien soigné dans votre enfance, vous n'auriez pas violé les lois de votre pays, et vous ne vous trouveriez pas dans cette situation déshonorante. Vous me direz peut-être que vous n'êtes responsable ni de votre naissance ni de votre éducation, et que par conséquent, il est injuste de vous les reprocher. Mais je vous répondrai que votre phtisie, qu'elle vienne ou non de votre faute, est une faute en vous, et qu'il est de mon devoir de veiller à ce que la république soit protégée contre des fautes de cette nature. Vous pouvez dire que c'est par infortune que vous êtes criminel ; moi, je vous réponds que votre crime, c'est d'être infortuné. »

Samuel Butler, *Erewhon*, trad. V. Larbaud,
Gallimard, coll. « L'Imaginaire », 1981, pp. 123-135

questions

1 En quoi consiste l'inversion de nos principes dans ce pays ?
2 Qu'y a-t-il de choquant dans le traitement réservé au comportement moral ? Ce traitement est-il absolument contraire à toute raison ? Pourquoi ?
3 Qu'y a-t-il de choquant dans la sentence du juge ? La responsabilité à l'égard de la santé physique est-elle absolument contraire à toute raison ? Pourquoi ?
4 Pourrait-on supprimer l'absurdité apparente des mœurs de ce pays en appliquant le même traitement aux deux domaines considérés, celui de la santé et celui de la justice ? Exposez les deux possibilités.
5 Lequel des deux traitements que vous venez de définir s'imposerait-il selon vous ?

Arguments pour une étude de cas

en vue d'une lecture, d'une dissertation, d'un dossier ou d'un débat

1. La laïcité exclut-elle les croyances ?

les faits

Les croyances religieuses ou parascientifiques n'ont pas droit de cité dans l'école publique, du fait du caractère laïque de celle-ci. On y enseigne uniquement ce qui a été établi par les sciences ou selon les critères de la raison. Ce monopole de la raison dans l'école publique est-il une atteinte à la liberté de conscience ?

le problème philosophique

La raison n'est-elle qu'une forme de pensée parmi d'autres, qui ne devrait bénéficier d'aucun privilège dans la formation des esprits ?

Quand la raison décrète qu'elle est la seule à former des esprits libres, ne fait-elle pas preuve d'impérialisme ? A-t-elle le monopole de la vérité ? A-t-elle le monopole des valeurs et du sens de l'existence humaine ? Toutes les croyances, et en premier lieu les grandes religions, ne sont-elles qu'erreurs, superstitions et mensonges, ou font-elles partie, par le sens qu'elles ont donné à l'existence humaine, du patrimoine de l'humanité ?

les arguments en présence

Thèse A. La raison est la seule forme de pensée qui libère l'esprit.

La raison seule est un vrai savoir qui libère l'esprit de l'ignorance et des folies qui s'ensuivent. Elle seule a le courage de préférer la vérité et libère notre esprit de ses illusions. Elle seule oblige à écouter l'autre, et nous sort de nos préjugés.

1 Pas d'argument d'autorité. – La raison laisse la conscience de chacun libre de juger sans lui imposer d'argument d'autorité.
2 Pas de point de vue particulier. – La raison est juste parce qu'elle n'est pas un point de vue particulier et donc partisan. Par exemple, les mathématiques sont les mêmes pour tous.
3 Des désaccords accordables. – La raison permet de trouver un accord : on ne peut pas réconcilier deux actes de foi qui s'opposent, mais on peut le faire pour deux thèses rationnelles qui diffèrent partiellement.
4 La réalité en face. – La raison habitue à regarder la réalité en face, à savoir que la terre tourne et n'est pas le centre de l'univers, que l'homme résulte de l'évolution des espèces animales, que la reproduction de la vie est un processus biologique observable.
5 L'écoute de l'autre dans le désaccord. – La raison oblige à écouter l'autre auquel on reconnaît le droit de contester notre raisonnement, même en cas de désaccord maintenu.

Thèse B. La raison est une forme de pensée comme les autres.

La raison est une forme de connaissance parmi d'autres, avec ses avantages, ses limites et ses inconvénients. L'esprit qui ignore les religions et les croyances se prive d'une dimension essentielle de la spiritualité.

1 L'héritage. – En tant qu'héritage culturel et moral transmis par la tradition, les textes et les rites religieux sont aussi importants que les connaissances rationnellement établies. Ils sont même irremplaçables.
2 L'identité. – Les récits, les histoires, les mythes et légendes nous en disent autant sur notre origine et notre identité que l'histoire scientifique.
3 Les moments symboliques. – Quand il s'agit d'accompagner les grands moments de l'existence, naissances, mariages, enterrements, l'enseignement rationnel de l'école ne nous apporte rien et apparaît superficiel et sans âme.
4 Abus de confiance. – La raison sait bien que tout n'est pas explicable logiquement, mais elle ne rend pas justice aux autres démarches de l'esprit.
5 Laisser le choix. – L'horoscope a droit de cité partout sauf à l'école. Qu'on laisse leur chance aux approches non scientifiques, et que les enfants jugent par eux-mêmes entre connaissances, croyances et histoires.

2. Le savoir intellectuel peut-il conduire à une connaissance de l'affectivité ?

les faits

L'école nous apprend à tout expliquer avec des mots clairs et des idées nettes. Mais notre vie se situe essentiellement au niveau de nos émotions, de notre sensibilité. Or, que ce soit dans l'écoute de soi ou dans l'attention aux autres, l'école ne connaît que l'intellect désincarné qui traite le corps et sa vie comme un ensemble de mécanismes et non comme une source de vie, de compréhension de soi, des autres et même de la réalité.

le problème philosophique

L'intellectualité et la pensée objective n'excluent-elles pas nécessairement la compréhension par un sujet de sa vie sensible et émotive ?

L'Occident est-il handicapé à force de raisonner sans ressentir avec son corps ? Faut-il se donner, en complément, d'autres voies de formation que l'intelligence abstraite ? Ne faut-il pas ajouter la connaissance par intuition, initiation, expérience vécue, à la connaissance par idées abstraites ?

les arguments en présence

Thèse A. Il faut privilégier la connaissance scientifique de soi sur des émotions et des sensations prétendument ineffables.

L'intelligence peut tout expliquer et faire comprendre, y compris la vie du corps et des sentiments. Il n'existe pas d'expérience dont on ne puisse pas rendre compte par le moyen de l'intelligence.

1 Le savoir véritable. – La biologie nous enseigne la vérité sur le corps et sur la reproduction sexuée mieux que des considérations invérifiables sur les vibrations entre les êtres.
2 Le sport. – La gymnastique est une application de la connaissance du corps. Le sport nous donne la maîtrise intellectuelle et musculaire de notre corps et nous fait sentir notre corps mieux que des séances de méditation immobile.
3 L'incommunicable. – On ne peut pas partager ce qui est purement ressenti, subjectif. Ce qui échappe à la raison, il faut le taire pour ne pas le dénaturer.
4 L'intimité. – On ne doit pas révéler et partager ce que chacun ressent dans son corps car c'est son intimité. Il faut le taire par respect.

Thèse B. On peut s'initier à sentir, à comprendre et à communiquer plus profondément qu'avec les idées abstraites.

Il y a deux façons de comprendre ce qui nous arrive : la façon intellectuelle, qui reste superficielle, et une compréhension affective ressentie profondément. Vivre une expérience nous conduit plus loin que tous les discours sur ce qu'on n'a pas vécu soi-même.

1 L'écoute du corps. – Écouter son corps pour savoir ce qu'il ressent et pour l'interpréter suppose la déconnexion d'avec le regard critique de la conscience.
2 L'action du psychisme. – Il existe des techniques pour surmonter soi-même les angoisses et les malaises psychiques au lieu de consommer passivement des médicaments
3 L'imaginaire. – Voyager dans son imaginaire nous apprend plus sur nous que bien des études scientifiques objectives.
4 L'empathie. – On devrait apprendre à communier psychiquement avec autrui par sympathie (on éprouve les mêmes sentiments) et empathie (on se met à la place de l'autre pour éprouver ce que lui ressent), sans avoir honte de parler de bonnes et de mauvaises vibrations dont tout le monde fait l'expérience.
5 Communier. – Être ensemble, par exemple, à écouter de la musique, fait aller au-delà des mots.

3. Ne faut-il jamais aller voir les astrologues ?

les faits

Beaucoup de gens croient que leur personnalité et leurs affinités avec les autres dépendent de leurs signes astrologiques respectifs. Des millions de gens vont chaque année voir des astrologues, alors que personne ne sait en quoi leurs prédictions pourraient bien être crédibles.

le problème philosophique

La croyance dans les astres est-elle simplement une erreur, ou offre-t-elle un recours à des problèmes trop angoissants pour être affrontés en toute rationalité ?

les arguments en présence

Thèse A. L'astrologie est une pure et simple mystification.

L'astrologie n'a aucun fondement en dehors de la crédulité humaine. Il n'y a pas de connaissance de la position réelle des astres au moment de la naissance, ni aucune preuve de leur influence sur la destinée humaine. La lecture de l'horoscope est un exemple pur de l'illusion qui fait du bien.

Thèse B. La voyance aide à surmonter les épreuves.

L'entrevue avec une personne qui écoute peut être un moment de vérité très important. A condition de bien les choisir, ceux à qui on se confie peuvent aider à voir clair en soi-même. L'horoscope n'ordonne rien, il est un message à interpréter selon la libre volonté du lecteur.

4. Devons-nous avoir honte de nos actes superstitieux ?

les faits

Beaucoup de personnes raisonnables évitent de passer sous une échelle, croisent les doigts, touchent du bois, et font d'autres actes apparemment irrationnels, tout en prétendant qu'elles n'y croient pas.

le problème philosophique

Ce qui n'est pas logiquement justifiable est-il pour autant psychologiquement absurde ?

les arguments en présence

Thèse A. Les actes superstitieux sont des gestes puérils.

Il est purement infantile de croiser les doigts pour avoir de la chance, et mieux vaut ne pas se ridiculiser. Soyons adultes. Ne manifestons pas notre angoisse par des gestes dont nous ne saurions pas justifier l'efficacité.

Thèse B. Les actes superstitieux sont des gestes symboliques.

C'est matériellement irrationnel, mais il ne s'agit pas de la réalité matérielle. Les conduites magiques ont certainement une fonction psychologique justifiable. En croisant les doigts, on fait quelque chose qui exprime nos sentiments. Bien des actions humaines sont matériellement inutiles.

■ DEUXIÈME ÉTUDE DE TEXTE ■

Pascal
1658

Cette véritable méthode, qui formerait les démonstrations dans la plus haute excellence, s'il était possible d'y arriver, consisterait en deux choses principales : l'une, de n'employer aucun terme dont on n'eût auparavant expliqué nettement le sens ; l'autre, de n'avancer jamais aucune proposition qu'on ne démontrât par des vérités déjà connues ; c'est-à-dire, en un mot, à définir tous les termes et à prouver toutes les propositions [...] Ces choses étant bien entendues, je reviens à l'explication du véritable ordre qui consiste, comme je disais, à tout définir et à tout prouver. Certainement cette méthode serait très belle, mais elle est absolument impossible : car il est évident que les premiers termes qu'on voudrait définir en supposeraient de précédents pour servir à leur explication, et que de même les premières propositions qu'on voudrait prouver en supposeraient d'autres qui les précédassent ; et ainsi il est clair qu'on n'arriverait jamais aux premières.

Blaise Pascal, *De l'esprit géométrique et de l'art de persuader*, Gallimard, coll. « Bibliothèque de la Pléiade », 1976, pp. 577-578.

lire le texte ■

[...] l'une, de n'employer aucun terme dont on n'eût auparavant expliqué nettement le sens ; l'autre, de n'avancer jamais aucune proposition qu'on ne démontrât par des vérités déjà connues ; c'est-à-dire, en un mot, à définir tous les termes et à prouver toutes les propositions...

1 Pouvez-vous exprimer avec vos propres mots les deux exigences qu'il suffirait de respecter, d'après le texte cité, pour qu'une démonstration soit absolument parfaite ?

Certainement cette méthode serait très belle, mais elle est absolument impossible : car il est évident que les premiers termes qu'on voudrait définir en supposeraient de précédents pour servir à leur explication, et que de même les premières propositions qu'on voudrait prouver en supposeraient d'autres qui les précédassent ; et ainsi il est clair qu'on n'arriverait jamais aux premières.

2 Pourquoi est-il impossible de *définir les premiers termes* ?

3 Pourquoi est-il impossible de *prouver les premières propositions* ?

4 Parmi ces termes : axiomes, demandes, évidences, hypothèses, postulats, principes, vérités, lesquels correspondent aux premières propositions de la géométrie ?

trouver la problématique ■

5 Comment la géométrie réussit-elle à se donner ses *premières définitions* ?

6 A-t-on le droit d'établir une démonstration à partir d'hypothèses qui ne sont pas encore démontrées ?

7 Le texte montre que la méthode de démonstration parfaite est inaccessible. Rappelez pourquoi.

8 Sommes-nous pour autant sans certitude scientifique aucune ?

9 Si la connaissance parfaite est impossible, comment faut-il qualifier la connaissance scientifique ?

10 Peut-on prouver les principes d'une science par leurs conséquences ?

■ TROISIÈME ÉTUDE DE TEXTE ■

Éric Weil
1967

Le langage est tel que la discussion peut aboutir à l'accord. L'homme peut faire confiance au langage, parce que le langage ne mène pas à la contradiction, qu'il est raisonnable. L'homme n'est homme – et non pas animal – que dans la mesure où il participe de cette raison. Et il n'y participe plus dans la mesure où il est celui-ci ou celui-là, où il cherche à *avoir raison* avec son désir, mais dans la mesure où il *possède la raison*, où il exprime ce que chacun peut et doit dire, où il est universel. C'est en tant qu'universel qu'il est individu pensant [...]. Il n'y a pas de différence de raison entre les individus, puisque le sens de la discussion est précisément de faire disparaître la contradiction ; les différences sont de l'ordre des faits, injustifiés et injustifiables ; elles n'existent qu'au début de la discussion, pour être éliminées par le travail commun, la réalisation de la raison. Dans son essence, l'individu n'est pas *un homme*, c'est *l'homme*.

Éric Weil, *Logique de la philosophie*,
Vrin, 1985, pp. 134-135.

lire le texte ■

Le langage est tel que la discussion peut aboutir à l'accord. [...] le langage ne mène pas à la contradiction, il est raisonnable.

1 Dites quelle est l'idée commune à ces trois formulations.

L'homme n'est homme - et non pas animal - que dans la mesure où il participe de cette raison.

2 Quelle différence faites-vous entre la phrase citée et cette autre formulation : « L'homme n'est homme – et non pas animal – qu'*à la condition* de participer de cette raison » ?

Et il n'y participe plus dans la mesure où il est celui-ci ou celui-là, où il cherche à avoir raison *avec son désir [...].*

3 Quel est le rapport entre *être celui-ci ou celui-là*, c'est-à-dire quelqu'un de particulier, et le *désir* ?

[...] mais dans la mesure où il possède la raison, *où il exprime ce que chacun peut et doit dire, où il est universel. C'est en tant qu'universel qu'il est individu pensant [...].*

4 Selon cette phrase, un individu peut-il faire un usage purement individuel de la raison qu'il possède ?

[...] les différences sont de l'ordre des faits, injustifiés et injustifiables ; elles n'existent qu'au début de la discussion, pour être éliminées par le travail commun, la réalisation de la raison.

5 Pourquoi faut-il éliminer les différences d'opinions dans une discussion raisonnable ?

Dans son essence l'individu n'est pas un homme, *c'est l'*homme.

6 Quelle est la différence entre *un homme* et l'*homme* ?

trouver la problématique ■

7 En quoi le langage est-il fait pour que les hommes parviennent à un accord ?

8 Quelle est l'idéal de l'homme défendu dans le texte ?

9 Quel autre idéal pourrait-on lui opposer ?

10 Selon vous, une discussion raisonnable a-t-elle échoué si les participants ne sont pas parvenus à un accord ?

Nusch Éluard. Photo Man Ray, 1935 ;
coll. Lucien Treillard.

Pablo Picasso (1881-1973), *Portrait de Mme Paul Éluard,* 1941 (huile sur toile, 73 × 60 cm) ; MNAM, centre Georges-Pompidou, Paris.

Pablo Picasso (1881-1973), *Portrait de Nusch,* 1936 (eau forte, 15,9 × 10,8 cm) ; Musée Picasso, Paris.

La vérité est une construction de notre esprit en vue de connaître le monde

Cette différence entre nos idées et les choses n'est pas étonnante. Nos idées sont des produits de notre esprit. Elles prennent la forme de mots, de symboles, de formules chiffrées, toutes choses qui ne se trouvent pas dans le monde réel. C'est pourquoi les idées, même lorsqu'elles nous font connaître un aspect des choses, ne sauraient leur ressembler. En effet nous ne connaissons jamais la réalité telle qu'elle est en elle-même, mais toujours telle que l'esprit se la donne à connaître, dans les formes et avec les outils qui sont les siens.

Que signifie « connaître quelqu'un » ? Cela signifie que les idées qu'on a sur lui nous font comprendre ses réactions, nous font prévoir son comportement, nous permettent de savoir comment s'y prendre avec lui.

On appelle vraie toute connaissance qui, dans un domaine quelconque, apporte de la clarté, de l'ordre et du sens. Cette vérité ne nous donne pas la connaissance de la réalité telle qu'elle est en elle-même, mais plutôt de la réalité telle que notre esprit se la donne à connaître, dans les formes et avec les outils qui sont les siens. La raison est le principal de ces outils quand nous cherchons à obtenir d'abord des connaissances objectives. Pour cette raison, la première condition que l'esprit doit remplir est de ne pas se contredire (texte 2 p. 234).
L'esprit a créé un domaine dans lequel les idées et les objets à connaître sont identiques, et où l'on peut atteindre une vérité rigoureusement indubitable à condition que la pensée soit en accord avec elle-même : c'est celui des mathématiques.

Avec les mathématiques l'esprit connaît en toute vérité les objets qu'il produit

Les mathématiques ne s'intéressent pas à ce que sont les choses, mais au seul fait qu'on peut les mettre en ordre et les mesurer. On construit ainsi un système cohérent de propositions à partir d'un petit nombre d'axiomes de base. C'est le cas par exemple de la géométrie d'Euclide fondée sur des postulats, tel le fameux sixième postulat selon lequel « par un point extérieur à une droite sur un plan on peut passer une parallèle à cette droite et une seule ». Ces postulats ne peuvent pas être démontrés, puisque par définition ils sont les points de départ du système.
On a longtemps cru qu'ils devaient être en eux-mêmes d'une vérité évidente, conformes à la réalité extérieure, quoiqu'indémontrables. On a découvert qu'il n'en était rien. A partir d'axiomes différents on a construit d'autres systèmes mathématiques tout aussi rigoureux, par exemple les géométries non-euclidiennes. Cela signifie qu'en mathématiques, si les conclusions sont déduites des prémisses, celles-ci sont à leur tour validées par le fait qu'on peut tirer d'elles des conclusions cohérentes.
La vérité mathématique signifie non-contradiction, et ne se juge en rien sur sa conformité avec le monde extérieur. Les idées mathématiques ne sont donc pas des vérités absolues. Elles ne valent que pour ce monde de nombres et de figures librement créé par l'esprit humain. Au sein de ce monde, elles sont entièrement vraies, tout en étant entièrement relatives au domaine auquel elles appartiennent (texte 3 p. 235).
Tel est le premier type de vérité, la vérité mathématique, que l'esprit construit quand il n'a pas à se préoccuper de la réalité qui lui est extérieure. On devine que la vérité en physique ou en biologie ne sera pas construite de la même manière.

Dans les sciences expérimentales la vérité des théories est mise à l'épreuve de la réalité

Bien différente est la vérité relative à la réalité extérieure. Celle-ci, au lieu de se contenter de sa cohérence, doit rendre compte de faits observés et interrogés à travers l'expérimentation. L'esprit construit des théories permettant de comprendre un secteur du réel. Il les met à l'épreuve au cours d'une confrontation expérimentale. Si l'expérience, reproductible par d'autres scientifiques, ne contredit pas les explications apportées par la théorie, celle-ci sera tenue pour vraie, jusqu'à ce qu'une autre construction théorique la remplace parce que son pouvoir explicatif est plus grand (texte 4 p. 235). C'est pourquoi en physique par exemple, la théorie d'aujourd'hui est plus vraie que celle d'hier mais sera rectifiée par celle de demain.
Tel est le deuxième type de vérité, la vérité des sciences expérimentales, toujours construite par l'esprit, mais soumettant la validité de ses théories à l'épreuve du réel. Elle est donc provisoire, mais en même temps objective, démontrée, confirmée par ses applications techniques.

Comprendre les comportements humains c'est expliquer leurs causes et interpréter leur sens

Les choses se compliquent encore lorsqu'on cherche à comprendre les hommes vivant en société. Certes, les réalités sociales comportent plusieurs caractéristiques observables – tant de naissances, tant de déficit, tant de grévistes – qui doivent être recueillies selon des procédures rigoureuses : il y a des conditions à remplir pour qu'un sondage soit significatif, pour qu'un fait historique soit avéré.
S'agissant d'actions humaines, il faut en outre interpréter leur signification, rechercher les intentions qui motivent leurs auteurs. Les sociologues ont étudié par exemple le phénomène social du suicide. Ils ont établi des corrélations statistiques entre sa fréquence

et l'appartenance religieuse. Mais cette dernière n'agit pas simplement comme une cause physique. Il faut comprendre comment le sentiment religieux est vécu et quel sens celui qui se suicide donne à son acte (texte 5 p. 236).
En histoire comme en sociologie, nous sommes passés de l'explication par les causes physiques à l'interprétation des motivations humaines. Mais il n'y a pas d'épreuve de vérité susceptible de trancher entre plusieurs interprétations concurrentes, puisqu'il n'est pas possible d'expérimenter en ce domaine. On peut seulement estimer que certaines interprétations sont plus plausibles, plus fécondes, plus éclairantes que d'autres.
Tel est le troisième type de vérité, la vérité interprétative. Plus qu'ailleurs, la vérité est ici ce qui donne du sens, c'est-à-dire ce qui éclaire, ce qui rend intelligible. Mais moins qu'ailleurs encore on ne peut croire posséder la vérité définitive qui mettrait fin à la tentative toujours inachevée de comprendre.

Il y a des vérités en dehors de l'objectivité scientifique

Qu'elle soit mathématique, expérimentale ou interprétative, la connaissance rationnelle se révèle toujours relative, provisoire, inachevée et néanmoins vraie.
C'est pourquoi on ne s'étonnera pas de voir l'art lui-même se ranger au sein des productions de vérités. A partir de sa sensibilité personnelle, chaque artiste éclaire un aspect du monde humain (texte 7 p. 237). La valeur d'une œuvre d'art ne réside pas dans l'exactitude de sa description mais dans l'effet de vérité qu'elle produit sur son public. Par exemple le vers d'Arthur Rimbaud « A noir, E blanc, I rouge, U vert, O bleu » suscite en nous une résonance qui dépasse toute explication rationnelle ; on peut dire qu'il a produit une sorte de savoir affectif (texte 6 p. 236).
La vérité encore une fois apparaît relative. Elle est cette fois relative à un individu, sans cesser pour autant d'être vraie pour les autres.

La vérité est la condition de notre rapport à autrui

Nous venons de parcourir les différentes façons de produire la vérité. Il nous reste à nous demander ce que nous devons faire pour elle.
Pourquoi le mensonge est-il condamnable ? Mentir pervertit ce qui est au cœur de notre humanité, c'est-à-dire la communication par le langage avec nos semblables et la confiance réciproque.
Mais dire la vérité sans se soucier de la façon dont elle sera reçue, dans le rapport entre un médecin et un patient par exemple, c'est encore une forme de tromperie. L'exigence de véracité envers autrui ne réside donc pas simplement dans le fait de dire ce qui est matériellement exact. Le souci de la vérité consiste à faire en sorte que l'interlocuteur, tel qu'il est, dans sa différence, comprenne sa situation et puisse l'affronter selon son désir (texte 8 p. 238).
L'exigence de vérité ne doit cependant pas supplanter d'autres valeurs telles la liberté et la dignité de l'autre. La pudeur nous retient à juste titre d'exprimer les sentiments blessants que nous pouvons éprouver. C'est seulement vis-à-vis de soi-même qu'on peut exiger la vérité sans fard.

La sincérité exige la conscience et la critique de nos œillères

Lorsque nous nous mentons à nous-même, nous sommes notre propre dupe. Par complaisance envers nous-même, pour ne pas voir la vérité qui nous dérange, nous nous livrons à la mauvaise foi (texte 9 p. 238). Pour être sincère, il ne suffit donc pas de dire ce qu'on croit vrai, ni d'agir conformément à nos convictions. Car nos opinions peuvent exprimer nos préjugés, nos limites et tout ce qui appelle de notre part examen et soupçon. Notre sincérité se mesurera donc à la critique que nous exerçons à l'encontre de nos propres certitudes, et à notre aptitude à entendre les raisons de l'autre, afin que des vérités différentes puissent coexister.

Pablo Picasso (1881-1973), *Portrait de Nusch Éluard*, 1938 (huile sur toile, 55 × 46 cm) ; galerie Rosengart, Lucerne.

Les idées dans le texte

■ TEXTE 1 ■ SPINOZA, 1663

La vérité est une qualité des idées

Contrairement à ce que laissent supposer des expressions comme « J'ai découvert la vérité », la vérité n'est pas une chose. C'est une qualité. Ce n'est pas une qualité des choses, comme le laisse encore supposer la phrase : « C'est un vrai diamant ». La vérité est une qualité des idées et des phrases qui les traduisent. Spinoza retrace l'origine de cette confusion.

Photo Jacques Boyer.

La première signification donc de *Vrai* et de *Faux* semble avoir tiré son origine des récits ; et l'on a dit vrai un récit quand le fait raconté était réellement arrivé ; faux, quand le fait raconté n'était arrivé nulle part. Plus tard les Philosophes ont employé le mot pour désigner l'accord ou le non-accord d'une idée avec son objet ; ainsi, l'on appelle Idée Vraie celle qui montre une chose comme elle est en elle-même ; Fausse celle qui montre une chose autrement qu'elle n'est en réalité. Les idées ne sont pas autre chose en effet que des récits ou des histoires de la nature dans l'esprit. Et de là on en est venu à désigner de même par métaphore des choses inertes ; ainsi quand nous disons de l'or vrai ou de l'or faux, comme si l'or qui nous est présenté racontait quelque chose sur lui-même, ce qui est ou n'est pas en lui.

Baruch Spinoza, *Pensées métaphysiques*, trad. C. Appuhn, dans *Œuvres*, coll. « Classiques », t. I, Garnier, 1949, pp. 448-449.

■ TEXTE 2 ■ LEIBNIZ, 1703

Une pensée qui se contredit ne peut être vraie

Avant de savoir si ce qu'on pense est vrai, on doit s'assurer que c'est cohérent. Un raisonnement est cohérent, ou valide, quand il respecte les règles de la logique qui se ramènent à un principe unique.

Le principe de contradiction est, en général : *une proposition est ou vraie ou fausse* ; ce qui renferme deux énonciations vraies, l'une que le vrai et le faux ne sont point compatibles dans une même proposition, ou *qu'une proposition ne saurait être vraie et fausse à la fois* ; l'autre que l'opposé ou la négation du vrai et du faux ne sont pas compatibles, ou qu'il n'y a point de milieu entre le vrai et le faux, ou bien : *il ne se peut pas qu'une proposition soit ni vraie ni fausse.*

Wilhelm Gottfried Leibniz, *Nouveaux Essais sur l'entendement humain*, chap. II, Garnier-Flammarion, 1966, pp. 318-319.

■ TEXTE 3 ■ GONSETH, 1926

Les mathématiques ne reposent pas sur l'évidence

La géométrie d'Euclide comprend cet axiome : étant donné un point situé en dehors d'une droite, il n'existe qu'une droite passant par ce point et qui ne rencontrera jamais la première droite. Cela semble conforme à notre intuition. Pourtant, en partant d'un axiome différent, le mathématicien Lobatschefsky a pu construire une géométrie tout aussi cohérente.

Revenons à notre défenseur de l'intuition. De quelle façon présente-t-il ses objections à la géométrie de Lobatschefsky, par exemple. Ce qu'il en dit se résume au fond à la formule commode que voici :

Il est contraire au bon sens d'admettre que par un point on puisse tirer à une droite donnée plus d'une parallèle.

Ne nous attardons pas à nous demander par quel miracle le sens commun y verra plus clair que l'esprit géométrique le plus affiné. Ce n'est pas de cela qu'il s'agit. Notre contradicteur pense évidemment opposer l'un à l'autre sa conception de l'espace sensible et le schéma lobatschefskyen. Mais les mots mêmes qu'il emploie le trahissent. Ni le point, ni la droite, nous le savons bien, ne sont des objets réalisables autrement que par la pensée. Il n'y a dans l'espace sensible ni points ni droites ; l'univers intuitivement connu que le bon sens veut opposer aux espaces non euclidiens n'est donc en fait et tout simplement que le schéma géométrique d'Euclide.

Le conflit, s'il existe, n'est donc pas entre notre intuition et une théorie douteuse, mais entre un premier schéma dont nous avons tellement pris l'habitude que nous lui conférons une existence en quelque sorte matérielle, et un autre schéma dont la nouveauté surprend notre esprit. Qu'on veuille encore une fois se représenter que notre intuition et la connaissance dite scientifique ne diffèrent pas essentiellement.

Si nous en voulons prendre conscience, nous nous arrêterons à des schémas intellectuels plus ou moins définis : plus ils sont arrêtés et cohérents et plus ils sont scientifiques. Nous sommes ainsi faits, que nous n'explicitons notre savoir que sous forme de « théories » – le mot étant pris dans le même sens que dans « Théorie de la lumière » ou « Théorie de l'espace ».

La campagne de l'Intuition contre la Théorie est donc un épisode de la grande « Guerre des Théories », qui prit naissance en même temps que la spéculation scientifique, et qui ne disparaîtra qu'avec elle.

Ferdinand Gonseth, *Les Fondements des mathématiques*,
Blanchard, 1974, pp. 109-110.

■ TEXTE 4 ■ EINSTEIN ET INFELD, 1936

La nature n'est pas un roman policier

Dans les romans policiers à mystères de Conan Doyle, le détective Sherlock Holmes recueille une masse de faits apparemment étranges et incohérents. Puis, par la réflexion pure, il trouve la solution qui réunit tous ces faits en un ensemble logique. Face au roman de la nature, le physicien n'est pas tout à fait dans la même situation.

Ce grand roman à mystères n'est pas encore résolu. Nous ne sommes même pas sûrs qu'il comporte une solution définitive. La lecture nous a déjà donné beaucoup ; elle nous a enseigné les rudiments du langage de la nature, elle nous a rendus capables de découvrir bien des fils conducteurs et a été une source de joies et d'émotions dans la marche souvent pénible de la science. Mais nous nous rendons compte que malgré tous les volumes lus et compris nous sommes encore loin de la solution complète, supposé qu'il en existe une. A chaque étape nous nous efforçons de trouver une explication qui soit conforme aux liaisons déjà découvertes. Des théories acceptées à titre d'essai ont expliqué beaucoup de faits, mais aucune solution générale compatible avec toutes les relations établies n'a encore été développée. Très souvent une théorie en apparence parfaite s'est révélée inadéquate à la lumière d'une lecture nouvelle. Des faits nouveaux apparaissent qui la contredisent ou qui ne sont pas expliqués par elle. Plus nous lisons et plus pleinement nous admirons la parfaite construction du livre, même si la solution complète semble reculer à mesure que nous avançons.

Albert Einstein et Léopold Infeld, *L'Évolution des idées en physique*, trad. M. Solovine, Flammarion, coll. « Champs », 1983, pp. 7-8.

TEXTE 5 — CHRISTIAN BAUDELOT ET ROGER ESTABLET, 1984

Expliquer le suicide exige un travail d'interprétation

Le sociologue Emile Durkheim a observé que le suicide était moins fréquent chez les jeunes, les femmes et les personnes mariées. Il a émis l'hypothèse que le fait de se sentir intégré dans un groupe familial protège contre l'idée de mettre fin à ses jours. Mais il y a bien d'autres facteurs. On ne peut évaluer l'influence qu'ils ont sans faire un travail d'interprétation.

[...] il est difficile d'établir un rapport de causalité direct entre chômage et suicide, ou plus généralement encore entre suicide et crise économique. Certes, les deux phénomènes ne sont pas indépendants puisqu'à toute crise économique, à toute montée du chômage correspond un accroissement du suicide dans notre pays : ce fut le cas dans les années 30, ce l'est encore plus nettement aujourd'hui où, depuis 1976, le taux de suicide ne cesse d'augmenter. Cette relation ne s'observe pourtant pas dans tous les pays : en Angleterre, où le chômage a plus que doublé entre 1960 et 1979, le taux de suicide se retrouve en fin de période ce qu'il était au début ; en Italie, où le nombre de chômeurs a été multiplié par 2,5 entre 1970 et 1978, le taux de suicide est demeuré constant. Le chômage ne semble donc pas agir directement sur le suicide : il n'exerce son influence qu'au travers du milieu primaire où se trouvent insérés les individus, la famille en particulier. Le chômage peut contribuer à désintégrer la structure familiale de même que la solidarité des liens familiaux peut constituer un rempart efficace contre les difficultés économiques et protéger ses membres d'un geste de désespoir.

Christian Baudelot et Roger Establet, *Durkheim et le suicide*, PUF, 1984, p. 107.

TEXTE 6 — FERDINAND ALQUIÉ, 1985

La poésie, source de savoir affectif

Les succès de la science ont dévalorisé toute approche affective de la réalité. Selon les critères rationnels de l'objectivité, seul le savoir scientifique mériterait le titre de connaissance. Contre ce préjugé qu'on peut qualifier de scientisme, Ferdinand Alquié nous rappelle que l'expression poétique peut produire des effets de vérité.

En étudiant la poésie, les critiques ont disserté sur la rime, le rythme, l'image ou la métaphore. Mais ils ont négligé l'essence même de la conviction poétique, le fait que les plus beaux vers sont affirmation, et affirmation d'un réel non scientifique et non objectif. Cela est pourtant aussi visible dans la poésie classique que dans la moderne. Lorsque Phèdre dit, en mourant :

Et la mort, à mes yeux dérobant la clarté,
Rend au jour, qu'ils souillaient, toute sa pureté

annonçant ainsi ce qui se trouvera affirmé dans *Capitale de la douleur* :

Comme le jour dépend de l'innocence
Le monde entier dépend de tes yeux purs

quand on lit, dans la *Tristesse d'Olympio* :

Ma maison me regarde et ne me connaît plus

et, dans *Une saison en enfer* (Délires II) :

Elle est retrouvée.
Quoi ? L'éternité.
C'est la mer mêlée
Au soleil

on ne peut prétendre que Racine, Éluard, Hugo et Rimbaud se bornent à parler, de façon poétique, de notre univers, l'univers de la perception et de la science. Car, en cet univers, des yeux ne sauraient souiller le jour ni engendrer le monde, aucune maison ne me regarde, et l'on ne retrouve nulle part une éternité faite de soleil et de mer. Non, ce que la poésie affirme, c'est une autre réalité, soustraite à toute loi logique ou physicienne. Elle nous émeut en nous la révélant, et se montre alors inséparable d'une impression de vérité inhérente à ce qu'il faut bien appeler un savoir affectif.

Ferdinand Alquié, « Le savoir affectif », dans *Douze Leçons de philosophie*, La Découverte et Le Monde, 1985, pp. 33-34

■ TEXTE 7 ■ MILAN KUNDERA, 1986

Connaître l'homme est la vocation du romancier

Apparue avec les temps modernes, la science nous a permis de connaître tout ce qui peut être analysé et mesuré de façon objective. Mais pour ce qui est de la dimension subjective de l'homme lui-même, à qui revient la tâche de l'explorer ?

[…] S'il est vrai que la philosophie et les sciences ont oublié l'être de l'homme, il apparaît d'autant plus nettement qu'avec Cervantès[1] un grand art européen s'est formé qui n'est rien d'autre que l'exploration de cet être oublié. […]

Quand Dieu quittait lentement la place d'où il avait dirigé l'univers et son ordre de valeurs, séparé le bien du mal et donné un sens à chaque chose, Don Quichotte sortit de sa maison et il ne fut plus en mesure de reconnaître le monde. Celui-ci, en l'absence du Juge suprême, apparut subitement dans une redoutable ambiguïté ; l'unique Vérité divine se décomposa en centaines de vérités relatives que les hommes se partagèrent. Ainsi, le monde des Temps modernes naquit et le roman, son image et modèle, avec lui. […]

Comprendre avec Cervantès le monde comme ambiguïté, avoir à affronter, au lieu d'une seule vérité absolue, un tas de vérités relatives qui se contredisent (vérités incorporées dans des *ego imaginaires* appelés personnages), posséder donc comme seule certitude la *sagesse de l'incertitude*, cela exige une force non moins grande.

Milan Kundera, *L'Art du roman*, Gallimard, 1986, pp. 19-21.

1 Cervantès : écrivain espagnol (1547-1616), auteur de *Don Quichotte*.

Alphonse Bertillon (1853-1914), créateur de l'anthropométrie.

■ TEXTE 8 ■ ÉRIC WEIL, 1960

On peut mentir en disant la vérité

Le devoir de sincérité recquiert une analyse subtile des formes les plus inattendues de la tromperie.

Trompe-l'œil de Greg Brown ; USA.

[...] toute faute contre la véracité constitue un péché contre le principe de la vie en commun et un danger pour la possibilité d'une existence morale, c'est-à-dire, raisonnable et dont les actes procèdent de la justice : pour le menteur, le trompé est un objet manié, non son égal. Il est à peine nécessaire d'ajouter que le mensonge n'est pas limité au discours : non seulement l'expression, le geste, le silence peuvent mentir, des actes qui directement n'expriment aucune opinion peuvent y servir ; il n'y a rien d'humain qui ne puisse tromper l'homme, tout peut être mis au service de la ruse, à tel point que la vérité même non seulement peut tromper, mais peut remplir, selon l'intention de celui qui ainsi « dit la vérité », les fonctions du mensonge ; dans des milieux civilisés, c'est la forme parfaite de la tromperie, et l'histoire est remplie de vérités dites dans des conditions et avec des formules telles que, paraissant incroyables et interprétées comme vantardise ou contre-vérité, elles ont rendu à leurs auteurs plus de services que n'aurait fait le déguisement le plus habile d'une pensée et d'intentions que, par un habile calcul, on a exprimées avec une franchise brutale – assez brutale pour être considérée comme mensonge.

Éric Weil, *Philosophie morale*, Vrin, 1992, pp. 112-113.

■ TEXTE 9 ■ PRIMO LEVI, 1986

L'art de mentir avec sincérité

Interrogés par la justice, les criminels nazis ont décliné toute responsabilité. Primo Lévi, écrivain juif rescapé d'Auschwitz, démonte le mécanisme mental de la mauvaise foi.

[...] si ceux qui mentent consciemment en falsifiant à froid la réalité même existent bel et bien, plus nombreux sont ceux qui lèvent l'ancre, s'éloignent, momentanément ou pour toujours, des souvenirs sincères et se fabriquent une réalité qui les arrange. Le passé leur pèse ; ils éprouvent de la répugnance pour les choses faites ou subies, et ont tendance à leur en substituer d'autres. La substitution peut commencer en pleine conscience, avec un scénario inventé, mensonger, restauré, mais moins pénible que la réalité ; en répétant cette description, à d'autres mais aussi à eux-mêmes, la distinction entre le faux et le vrai perd progressivement ses contours et l'homme finit par croire entièrement au récit qu'il a fait si souvent et qu'il continue à faire encore, limant et retouchant ici et là les détails les moins crédibles, ou s'accordant mal entre eux, ou incompatibles avec le tableau des événements acquis : la mauvaise foi initiale est devenue bonne foi. Le passage silencieux du mensonge à autrui à celui qu'on se fait à soi-même est utile : cru plus facilement par le juge, par l'historien, par le lecteur, par sa femme, par ses enfants.

Primo Levi, *Les Naufragés et les Rescapés*,
trad. A. Maugé, Gallimard, 1989, pp. 26-27.

Les idées par les mots

La vérité n'est pas la réalité

La vérité est ce qui caractérise la qualité d'un **jugement**, non une propriété des choses. Les adjectifs « vrai » et « faux » s'emploient à propos des jugements que l'esprit porte sur la réalité. Une affirmation est vraie quand elle est en **correspondance** avec son objet, qu'elle en fait comprendre ou connaître quelque chose.

L'**adéquation** est la correspondance totale entre l'idée et son objet. Déterminer les conditions pour qu'une idée soit vraie, c'est rechercher un **critère** du vrai.

La vérité n'est pas la certitude

On peut être **certain** de quelque chose, c'est-à-dire **croire** que ce qu'on pense est vrai et être cependant dans l'**erreur**. La **certitude** est une caractéristique subjective de notre pensée. Mais si nos idées sont effectivement vraies, on possède alors une **connaissance** qui satisfait à des critères objectifs de vérité.

Persuader quelqu'un, c'est chercher à créer chez lui un état de certitude. Le **convaincre**, c'est lui donner les moyens de discerner la vérité.

La vérité scientifique est objective

Une vérité est **objective** quand elle est indépendante du sujet qui la pense. Pour vérifier qu'une idée n'est pas une simple **croyance subjective**, il faut la soumettre à un **examen critique**.

Les **concepts** scientifiques sont des constructions **abstraites**. Ils sont les éléments constitutifs de **théories** qui rendent **intelligibles** une partie de la réalité et qui sont soumises à l'examen de la communauté scientifique.

En mathématiques on part de suppositions qui ne sont pas nécessairement **évidentes,** mais qui sont en tout cas indémontrables. A partir de ces **prémisses** appelés **axiomes** ou **postulats**, on démontre les autres propositions. La **logique** exige que l'ensemble de ces propositions ne contienne pas de contradiction. La pensée est alors **cohérente**, c'est-à-dire en accord avec elle-même.

Comprendre, c'est expliquer et interpréter

Dans les sciences de la nature, les **théories** doivent **expliquer** les **phénomènes** observables par leurs **causes** et leurs **lois**. Les **lois** de la nature expriment les rapports constants entre les phénomènes.

Dans les **sciences humaines** qui étudient l'homme vivant en société, les théories doivent en outre fournir des **interprétations** permettant de **comprendre** la signification des conduites.

Les théories sont vraies en ce qu'elles rendent les phénomènes **intelligibles,** susceptibles d'être compris par **l'intellect**.

La vérité subjective n'est pas l'opinion

Se connaître soi-même suppose qu'on écarte les images de soi et les idées qui nous conviennent ou qui nous ont été imposées. De même que nos **opinions** spontanées sur le monde extérieur ou sur la société sont rarement vraies, de même nos opinions spontanées sur nous-mêmes ne sont pas toujours notre vérité mais le plus souvent, au contraire, ce qui nous en sépare.

La vérité est une exigence morale

Le **mensonge** consiste à tromper autrui en lui faisant prendre pour vrai ce qu'on sait ou ce qu'on croit être faux.

La **sincérité** consiste à croire en ce qu'on dit, la **franchise** à dire tout ce qu'on croit. Mais on peut se mentir à soi-même, et croire ce qu'on dit.

La **mauvaise foi** consiste à ignorer ce qu'on pourrait savoir parce que cela nous dérange et nous déplaît. Dans ce cas on ne parlera pas d'erreur mais plutôt d'**illusion** ou d'**aveuglement** volontaire. Nous sommes responsables non seulement de la vérité que nous connaissons, mais de celle que nous aurions pu connaître, même si nous avons réussi à l'ignorer par lâcheté ou paresse.

Lecture en questions

PIRANDELLO, 1917

Mme Frola et son gendre, M. Ponza

Les faits sont les faits ! C'est ce qu'on dit pour se convaincre que la réalité nous est accessible si nous n'y mêlons pas nos désirs ou nos craintes. Mais pour connaître les faits on ne peut pas éviter de les voir sous un certain angle, et notre point de vue ne coïncide pas forcément avec celui d'un autre. Autant de points de vue, autant d'interprétations différentes dont on ne sait plus laquelle est la vraie. Dans cette nouvelle de Pirandello, les mêmes faits reçoivent des interprétations contraires mais également plausibles.

On va tous finir à l'asile à force de se demander lequel des deux est fou, si c'est cette Mme Frola ou ce M. Ponza, son gendre. [...]

Chacun les rencontre tous les jours. On les regarde dans les yeux, on sait que l'un des deux est fou, on les dévisage, on les fixe, on les épie, et rien ! impossible de découvrir lequel c'est des deux ; où est le fantasme et où est la réalité. Ainsi commence à pointer le doute pernicieux qu'après tout le fantasme et la réalité s'équivalent et que toute réalité peut très bien être un fantasme, et réciproquement. [...].

Mais commençons par le commencement.

Ce M. Ponza est arrivé à Valdana il y a maintenant trois mois, comme secrétaire de préfecture. Il s'est installé dans le grand immeuble neuf qui est à la sortie de la ville, qu'on appelle « La Ruche ». [...]

Mais en même temps, à la surprise générale, M. Ponza loua dans le centre, exactement au 15 Via dei Santi, un autre petit appartement, trois pièces et une cuisine, meublé. Il dit que c'était pour sa belle-mère, Mme Frola. [...]

Bon, on peut comprendre qu'en se mariant une fille quitte la maison de sa mère pour aller vivre avec son mari, même dans une autre ville ; mais qu'ensuite cette mère, ne supportant plus d'être loin de sa fille, quitte sa ville et sa maison pour la suivre, et que dans la ville où elle et sa fille sont des étrangères, elle aille habiter dans une maison à part, voilà ce qu'on a du mal à comprendre ; [...] et en plus on a appris que, non content de reléguer cette pauvre mère dans une maison à part, il pousse la cruauté jusqu'à lui interdire la vue même de sa fille.

Si ce n'est que, non, non, ce n'est pas de la cruauté, proteste aussitôt Mme Frola, ses petites mains jointes en avant, dans ses visites aux dames de Valdana, franchement navrée qu'on puisse penser cela de son gendre. Et elle s'empresse d'en célébrer toutes les vertus et d'en dire tout le bien possible et imaginable ; tout l'amour, tous les soins, toutes les attentions qu'il a, non seulement pour sa fille, mais aussi pour elle, oui, parfaitement, pour elle aussi ; empressé, désintéressé... Ah, non, surtout pas cruel ! Seulement, il la

Photo Chema Madoz.

veut toute pour lui, pour lui tout seul, sa petite femme. [...] Jalousie, direz-vous ? Si vous appelez jalousie l'absolu d'un amour sans partage...

Égoïsme ? Mais un égoïsme qui se donne tout entier, comme un monde, à la femme aimée ! L'égoïsme, au fond, serait plutôt pour elle de vouloir à tout prix forcer l'intimité de cet amour, pénétrer dans son monde à part, quand elle sait que sa fille y est si heureuse, si choyée... Que peut souhaiter de plus une mère ? D'ailleurs, ce n'est pas vrai qu'elle ne la voit pas, sa fille. Elle la voit deux ou trois fois par jour. Elle entre dans la cour de l'immeuble, elle sonne et aussitôt sa fille apparaît là-haut.
– Comment vas-tu, Tildina ?
– Très bien, maman. Et toi ?
– Comme Dieu le veut, ma fille. Vite, vite, descends le petit panier !

Et au fond du panier toujours un petit bout de lettre, avec les nouvelles de la journée. Voilà, ça lui suffit. [...]

Aussi est-ce avec une véritable indignation, et non sans appréhension, que les dames de Valdana, au lendemain de la première visite de Mme Frola, reçoivent l'annonce inopinée d'une autre visite, de M. Ponza, qui les prie de bien vouloir, si ce n'est pas trop abuser de leur patience, lui accorder deux minutes d'entretien pour une « déclaration qui s'impose ».

Le visage rubicond, presque congestionné, [...] il demande d'abord à ces dames, qui le fixent à demi terrorisées, si elles ont bien reçu, la veille, la visite de sa belle-mère, Mme Frola ; puis, de plus en plus agité, en proie à un trouble croissant, si celle-ci leur a parlé de sa fille en leur disant qu'il lui interdit absolument de la voir et de monter chez elle.

En le voyant dans une telle agitation, ces dames, on s'en doute, s'empressent de lui répondre que oui, c'est vrai, Mme Frola leur a bien parlé de cette interdiction de voir sa fille, mais tout en disant de lui tout le bien possible et imaginable, et allant même, non contente de l'excuser, jusqu'à le décharger de toute responsabilité dans cette interdiction.

Mais au lieu de se calmer, à la réponse de ces dames, [...] il en arrive enfin à la « déclaration qui s'impose ». A savoir, tout simplement, que Mme Frola, la pauvre, on ne dirait pas, mais elle est folle.

Oui, il y a quatre ans qu'elle est folle. Et sa folie consiste précisément à croire qu'il ne veut pas lui faire voir sa fille. Mais quelle fille ? Elle est morte, elle est morte depuis quatre ans, sa fille ; et c'est précisément la douleur de cette mort qui l'a rendue folle, Mme Frola ; folie qui a été sa chance, en la sauvant du désespoir. Car elle ne pouvait pas se sauver autrement : en croyant

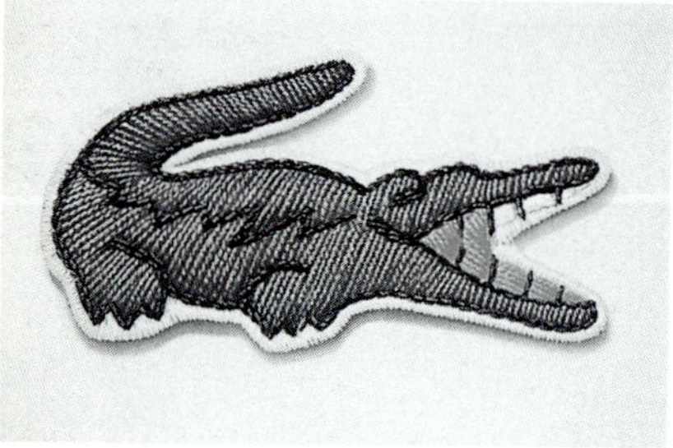

Contrefaçon. *C'est la reproduction, l'imitation ou l'usage d'une marque, d'un brevet, d'un dessin, d'un modèle ou d'une œuvre sans l'autorisation de son titulaire. Ci-dessus, le véritable crocodile Lacoste ; sur la page de droite, quelques exemples du crocodile Lacoste contrefait.*

qu'il n'est pas vrai que sa fille est morte, et que c'est lui, au contraire qui ne veut plus la lui faire voir.

C'est par pur devoir de charité envers une malheureuse que lui, M. Ponza, s'impose depuis quatre ans les plus lourds sacrifices pour se prêter à cette pitoyable folie ; il soutient la dépense, supérieure à ses moyens, de deux maisons ; une pour elle et une pour lui ; et il oblige sa seconde femme, qui heureusement s'y plie volontiers, à se prêter elle aussi charitablement à cette folie. [...]

Sur cette déclaration, M. Ponza salue ces dames plongées dans la stupéfaction, et s'en va. Mais ces dames se sont à peine remises de leur stupéfaction que revoici Mme Frola, avec la douce physionomie de son charme mélancolique, venue les prier de l'excuser si, à cause d'elle, ces bonnes dames ont pu avoir quelque frayeur à la visite de son gendre, M. Ponza.

Et Mme Frola, le plus simplement, le plus naturellement du monde, déclare à son tour, en toute confidence, [...] que M. Ponza – l'impeccable, l'irréprochable secrétaire de préfecture, scrupuleux, méticuleux, consciencieux en tout, plein de qualités et de bonne volonté –, M. Ponza, le pauvre, a un seul point faible, mais qui lui a fait, littéralement, ... perdre la tête ; oui, le pauvre, c'est lui qui est fou ; et sa folie consiste précisément à croire que sa femme est morte depuis quatre ans, et à répéter partout que c'est elle, Mme Frola, en croyant sa fille vivante, qui est folle. Non, il ne le fait pas pour justifier d'une certaine façon devant les autres sa jalousie presque maniaque et la cruelle interdiction qui lui est faite à elle de voir sa fille ; non, il y croit pour de bon, il croit vraiment que sa femme est morte et que l'actuelle est sa seconde femme. Pitoyable drame ! Cet homme, en effet, a d'abord failli tuer sa jeune épouse, briser sa petite femme toute fragile à force d'amour, au point qu'on a dû la lui soustraire en cachette et l'enfermer à son insu dans une maison de santé. Le malheureux, dont le cerveau était déjà gravement atteint par sa frénésie amoureuse, en devint fou. Il crut que sa femme était morte pour de bon et il se fixa tellement cette idée dans la tête qu'il n'y eut plus moyen de la lui ôter, même quand au bout d'un an on lui représenta sa petite femme de nouveau en pleine forme. Il la prit pour une autre, et tout le monde, parents et amis, dut jouer la comédie d'un second mariage, pour lui faire retrouver le plein équilibre de ses facultés.

Maintenant Mme Frola pense avoir de bonne raisons de soupçonner son gendre, depuis quelque temps, d'être en pleine possession de ses moyens et de faire semblant, seulement semblant de croire que sa femme est sa seconde épouse, pour la garder entièrement à lui, sans contact avec personne, sans doute parce qu'il continue à avoir peur, de temps en temps, qu'on puisse encore la lui soustraire en cachette.

Mais oui. Comment expliquer, sinon, tous les soins, toutes les attentions qu'il a pour elle, sa belle-mère, s'il prend vraiment sa femme actuelle pour sa seconde épouse ? Pourquoi tant d'égards pour celle qui, en fait, ne serait plus sa belle-mère, n'est-ce pas ? Mais Mme Frola ne le dit pas, remarquez bien, pour démontrer encore mieux que c'est lui qui est fou ; mais pour se prouver d'abord à elle-même que ses soupçons sont fondés.

– Et pendant ce temps-là, conclut-elle dans un soupir qui meurt sur ses lèvres en un sourire d'une infinie tristesse, pendant ce temps-là ma pauvre petite fille doit faire semblant d'être une autre qu'elle-même ; et moi aussi je suis obligée de passer pour folle en faisant semblant de croire que ma fille est encore vivante. [...]

Alors, vous ne trouvez pas qu'à Valdana il y a de quoi rester bouche bée, à se regarder dans le blanc des yeux, comme des idiots ? Et qui croire des deux ? Lequel est le fou ? Où est la réalité ? Où est le fantasme ?

C'est la femme de M. Ponza qui pourrait répondre. Mais comment s'y fier si, en sa présence, elle affirme être sa seconde femme, et si, devant Mme Frola, elle reconnaît être sa fille ? Il faudrait la prendre à part et lui faire dire la vérité entre quatre yeux. Mais c'est impossible. Fou ou pas, M. Ponza est incontestablement d'une jalousie sans bornes, et il ne laisse voir sa femme à personne. Il la tient sous clé, là-haut, comme en prison ; et le fait plaide sûrement en faveur de Mme Frola ; mais M. Ponza dit qu'il y est obligé, que c'est sa femme elle-même qui le lui impose, de peur de voir Mme Frola débarquer chez elle à l'improviste. C'est peut-être une excuse. Il est de fait, également, que M. Ponza n'a même pas de bonne chez lui. Il dit que c'est par économie, avec les deux loyers qu'il a déjà à sa charge ; et en attendant il va tous les jours faire ses courses lui-même ; et toutes les corvées ménagères, y compris les plus humbles, retombent sur sa femme, qui à l'entendre n'est même pas la fille de Mme Frola, mais qui se prive de bonne par pitié pour cette pauvre vieille, autrement dit pour l'ex-belle-mère de son mari. Cela paraît un peu gros à tout le monde. Il n'en est pas moins vrai que cette situation peut aussi s'expliquer, sinon par la pitié, par sa jalousie à lui. [...]

Mme Frola va souvent trouver son gendre à la préfecture, pour lui demander un conseil, ou bien elle l'attend à la sortie pour se faire accompagner dans ses courses. Et très souvent, de son côté, dans ses moments de liberté, tous les soirs en tout cas M. Ponza va trouver Mme Frola dans son petit meublé ; et chaque fois qu'ils se rencontrent par hasard dans la rue, ils s'abordent aussitôt avec la plus grande cordialité ; il lui donne la main, ou lui tend le bras, si elle est un peu lasse, et ils font ainsi un bout de chemin ensemble à la stupéfaction générale et au plus grand dépit des gens qui ont beau les dévisager, les fixer, les épier, rien à faire, ils n'ont toujours pas réussi à comprendre lequel des deux est fou, où est le fantasme et où est la réalité.

Luigi Pirandello, *Mme Frola et son gendre, M. Ponza,*
dans *Qui sait la vérité ?*, trad. J.-M. Gardair, Le Livre de poche, 1994, pp. 99-108

questions

1. Résumez chacune des interprétations fournies par les protagonistes en deux ou trois lignes.
2. Quelle est l'interprétation qui vous paraît la plus vraisemblable ? Justifiez votre choix.
3. On peut considérer les deux derniers paragraphes comme étant une image de notre connaissance de la réalité. Que symbolise pour vous le personnage de Mme Ponza ?
4. Que signifie le fait qu'on ne voit jamais apparaître Mme Ponza en chair et en os ?
5. Que représentent alors les propos contradictoires de Mme Frola et de M. Ponza ?

Arguments pour une étude de cas

en vue d'une lecture, d'une dissertation, d'un dossier ou d'un débat

1. Le mensonge est-il toujours condamnable ?

les faits

Les parents d'un enfant adoptif peuvent-ils lui cacher la vérité sur ses origines ? Les gouvernants peuvent-ils mentir à leur peuple dans son intérêt ? Un médecin peut-il dissimuler à un malade la gravité de son mal ? Est-ce mentir par omission que de s'abstenir de faire une déclaration embarrassante quand on ne vous la demande pas ? Faut-il faire part à nos proches des moindres nuances de nos sentiments à leur égard ? Autant de questions universellement controversées.

le problème philosophique

Y a-t-il un droit de mentir ?

Ce problème a fait l'objet d'une célèbre polémique entre Kant, qui faisait de l'interdiction de mentir une obligation morale inconditionnelle et Benjamin Constant, qui rejetait cet impératif comme trop abstrait. L'enjeu du débat est le suivant : peut-on, au nom de l'efficacité, faire une exception à un principe universel de la morale : l'obligation de dire la vérité ?

les arguments en présence

Thèse A. La vérité doit toujours être dite avec discernement.

Aucune règle morale ne doit être posée sans souci des circonstances concrètes dans lesquelles s'inscrit l'action des hommes. Condamner le mensonge de façon absolument rigide peut conduire à des actes contestables.

1 Rien n'est dû au violent. – Avouer au malfaiteur que c'est chez vous que se cache la personne qu'il pourchasse, c'est se rendre complice d'un méfait. La vérité n'est due qu'à celui qui a renoncé à l'usage de la violence au profit du dialogue pacifique.

2 Le respect de l'intimité. – S'interdire toute altération de la vérité en toutes circonstances est une règle simpliste et brutale. La vie en commun exige qu'on préserve l'espace privé des individus en ne leur imposant pas de partager nos émois, nos incertitudes ou nos angoisses.

3 Le malade et la vérité. – Le principe de franchise absolue est une règle trop abstraite. Il faut l'appliquer avec tact en fonction des situations. On s'efforcera par exemple de déceler chez un malade – parfois même en dépit de ce qu'il a dit souhaiter étant bien portant – la part de vérité qu'il désire entendre.

Thèse B. Le mensonge est la rupture du lien social.

La pratique du langage humain repose sur une règle universellement admise et sans laquelle aucun échange verbal ne serait possible : chacun doit dire la vérité. Violer cette règle c'est porter atteinte à ce qu'il y a de plus humain en nous et saper les bases de toute relation sociale.

1 Mentir, c'est se contredire.– Le menteur suppose qu'il sera cru. Il sait que tout le monde admet pour règle naturelle qu'on doit dire la vérité. Mais il s'arroge le privilège de faire exception à cette règle qu'il reconnaît comme universelle. Le menteur se trouve pris dans cette contradiction.

2 Les pieux mensonges. – Mentir « pour le bien de l'autre », c'est se faire le seul juge de ce qui lui est dû, c'est décider de la quantité de vérité qu'il est capable de supporter. Il faut au contraire dire la vérité ; c'est à l'autre d'en faire l'usage qu'il jugera bon.

3 Pas de règle sans rigueur. – S'autoriser quelques entorses à une règle morale au nom de circonstances particulières, c'est justifier par avance tous les abus. Car on trouvera toujours des circonstances « exceptionnelles » qui nous disculperont.

2. *Toutes les opinions sont-elles respectables ?*

les faits

Nous vivons dans un monde où s'affrontent les opinions les plus disparates. Chacun revendique le droit d'avoir et d'exprimer son opinion ; les médias demandent à tous de donner leur opinion sur toutes choses. En outre, dans une démocratie c'est l'opinion qui fait le pouvoir. Elle est l'objet de toutes les attentions. C'est pourquoi on la scrute, on la mesure, on l'étudie. L'opinion se trouve donc être à la fois le fondement de la vie politique, mais souvent aussi un simple bavardage sans valeur.

le problème philosophique

Les opinions sont-elles des idées inconsistantes ou le premier pas vers la vérité ?

Ce problème est né avec la philosophie. Pour les sophistes chaque opinion est une perspective particulière, et il n'est pas d'autre vérité que celle qui s'impose au terme de la confrontation entre les points de vue. Mais pour Platon, il faut rompre avec toutes les opinions, parce qu'elles sont marquées par les passions et la subjectivité. Finalement, pour obtenir la vérité doit-on partir des opinions existantes ou s'en détourner radicalement ?

les arguments en présence

Thèse A. Toute opinion est respectable.

Les opinions ne sont pas suffisantes mais elles sont nécessaires. Entre la certitude scientifique et les préjugés absurdes, il y a une place pour les opinions sur ce qui est simplement probable ou raisonnable.

1 La liberté de penser. – Les opinions doivent être respectées parce qu'elles sont ce qui appartient le plus intimement à l'individu. Les démocraties ne reconnaissent pas le « délit d'opinion ».

2 La controverse est féconde. – Le libre choc des opinions contraires est le meilleur terrain pour une correction mutuelle de ce qu'elles ont de partiel.

3 Le rôle de l'opinion publique. – Lorsque les opinions sont respectées, elles peuvent s'exprimer et former une opinion publique, élément indispensable de la vie d'une société libre.

Thèse B. Seule la vérité est respectable.

Les opinions, soumises aux effets de mode, sont sensibles à tous les vents. Sans que ceux qui les professent s'en doutent, elles ne sont que le reflet des préjugés et des partis pris d'une société. Ne possédant aucun des caractères de la vérité, il n'y a aucune raison de les respecter.

1 L'esprit critique n'est pas malveillant. – Ce n'est pas parce qu'on doit respecter le droit pour chacun d'avoir ses opinions qu'il faut s'interdire d'en débattre et au besoin de les rejeter. On n'offense pas un homme en critiquant ses opinions.

2 L'impossible neutralité. – Il ne faut pas confondre le libéralisme politique qui refuse de prendre parti pour une pensée officielle, avec la neutralité à l'égard des idées. On a un devoir d'irrespect à l'égard des opinions manifestement fausses.

3 L'expression de certaines opinions est intolérable. – On ne peut tolérer par exemple, au nom de la liberté d'opinion, l'expression publique d'idées exaltant le racisme ou l'antisémitisme. Ces idées n'ont d'autre contenu que la haine à l'égard d'êtres humains et elles peuvent entraîner des esprits faibles à commettre des crimes.

3. Les opinions en morale sont-elles subjectives ?

les faits

On a souvent souligné la variété des idées des hommes en matière de morale. Tel comportement, formellement interdit ici, ne rencontre là qu'indifférence et sera ailleurs vivement recommandé. A cette variété géographique s'en ajoute une autre, historique : dans une même société, il arrive que ce qui hier était condamnable ne suscite plus aujourd'hui la même réprobation.

le problème philosophique

Peut-on dire qu'en morale il n'y a pas de vérité mais seulement des préjugés ?

les arguments en présence

Thèse A. Les jugement moraux ne sont ni vrais ni faux.

Seuls les jugements qui affirment des faits peuvent être vrais ou faux ; ce n'est pas le cas des jugement moraux qui expriment des normes, c'est-à-dire des impératifs de conduite admis par un groupe. L'idée qu'il existe une vérité morale universelle n'est qu'un préjugé parmi d'autres.

Thèse B. Il existe des principes moraux universellement tenus pour vrais.

Toutes les civilisations, à toutes les époques admettent pour vraie ce qu'on a appelé la règle d'or : « Traite autrui comme tu voudrais être traité. » Ce principe de réciprocité de traitement est universel et constitue donc une vérité morale.

4. Peut-on se fier aux images de l'information ?

les faits

Les techniques modernes de la photographie et de la vidéo permettent des manipulations insoupçonnées du son et de l'image, si bien que chaque reportage sur un événement spectaculaire devient suspect.

le problème philosophique

Quels sont les critères d'objectivité pour une image ?

les arguments en présence

Thèse A. Avec les nouvelles techniques de l'image la garantie de l'objectivité a disparu.

Au-delà des cas d'imposture délibérée, que les nouvelles techniques rendent toujours plus aisés, on sait que chaque document filmé reflète, par le choix du moment, des commentaires, du cadrage et du montage un point de vue nécessairement subjectif.

Thèse B. Le citoyen peut et doit imposer des garanties d'objectivité.

Pour obtenir cette garantie on peut envisager de s'appuyer sur un code que la profession ferait respecter, sur la rivalité entre les organes de presse, sur une agence nationale de surveillance et de sanction, et enfin sur la vigilance des consommateurs.

5. L'ignorance est-elle une excuse ?

les faits ■

« Je ne savais pas » dit l'enfant que l'on gronde, mais aussi l'adulte qui découvre que l'arme qu'il manipulait était chargée, le médecin qui ignorait que les substances qu'il prescrivait étaient nocives, le militant qui découvre que le régime qu'il soutenait était une horrible dictature.

le problème philosophique ■

Est-on responsable de ce qu'on ne savait pas ?

les arguments en présence ■

Thèse A. On n'est responsable que de ce qu'on a fait en connaissance de cause.

Pour évaluer un méfait, il faut tenir compte de ce que son auteur savait des circonstances de son action. On est innocent de ce qu'on ne pouvait pas savoir.

Thèse B. On est responsable de ne pas avoir tout fait pour savoir la vérité.

Souvent l'ignorance ou l'erreur sont préférées parce qu'elles sont confortables. Il y a des ignorances coupables. Il est si facile en effet de s'aveugler soi-même, de se contenter d'explications faibles, de ne pas être regardant avec la vérité qui dérange.

6. Comment savons-nous que la vie n'est pas un rêve ?

les faits ■

On sait bien que, quand on rêve, il est rare qu'on mette en doute les impressions que l'on ressent. Au contraire, nous croyons assez à nos rêves pour prendre au sérieux les cauchemars les plus incohérents.

le problème philosophique ■

Y a-t-il un argument irréfutable qui permette de distinguer le rêve de la réalité ?

les arguments en présence ■

Thèse A. Rêve et réalité sont absolument indiscernables.

Chaque observation invoquée comme preuve que je suis éveillé, par exemple des sensations, des paroles et même l'impression de voir d'autres hommes en face de moi, tout cela pourrait très bien appartenir à un rêve que je suis en train de faire.

Thèse B. L'hypothèse du rêve n'est qu'un jeu.

Il y a entre ces deux univers une différence qui ne trompe que celui qui veut bien être trompé : le rêve ne présente pas la permanence, la continuité et la cohérence du monde dans lequel nous évoluons chaque jour et que nous retrouvons chaque matin.

BAC

Préparer une dissertation

premier sujet — A quoi reconnaît-on une fausse science ?

les mots de l'énoncé

1 Cet énoncé contient une contradiction apparente. Laquelle ?
2 Remplacez « fausse » de façon à faire disparaître la contradiction qu'il contient.
3 Quelles disciplines sont visées sous le nom de « fausses sciences » ?

la forme de la question

4 Telle qu'elle est formulée, que sous-entend cette question ?

les idées qui font le problème

5 Qu'observe-t-on quand on examine l'évolution des vraies sciences à travers le temps ? Par comparaison, que peut-on observer dans ces autres disciplines ?
6 Quelles sont les règles auxquelles se soumet une vraie science quand elle procède à des expériences ?
7 Comment réagissent les vraies sciences lorsque l'expérience contredit une de leurs hypothèses ?
8 Comment les fausses sciences se prémunissent-elles contre le risque de voir leurs affirmations contredites par l'expérience ?
9 A quel type d'attente du public répondent les fausses sciences ?
10 Quelle attitude ont les vraies sciences vis-à-vis de la vérité scientifique ? En quoi peut-on y voir une différence essentielle avec les fausses sciences ?

deuxième sujet — Tout ce qui est vrai doit-il être prouvé ?

les mots de l'énoncé

1 C'est un fait que nombre de vérités sont prouvées. Mais que sous-entend le mot *tout* dans *tout ce qui est vrai* ?
2 Le verbe « devoir » dans « devoir prouver » a-t-il le sens d'une obligation morale ou d'une nécessité logique ?
3 Quelle différence y a-t-il entre prouver et constater ?
4 Quelle différence y a-t-il entre prouver et démontrer ?
5 Peut-on résister à l'administration d'une preuve ?

la forme de la question

6 Avant de se demander ce que l'on *doit* prouver, quelle question faut-il se poser ?
7 Le pronom *tout* suppose qu'il y a plusieurs espèces de vérités, appartenant à plusieurs domaines. Distinguez les principales.

les idées qui font le problème

8 Lorsque quelqu'un tient quelque chose pour vrai, quelles sont les différentes raisons qui peuvent l'inciter à en fournir la preuve ?
9 Quelles sont les vérités qui n'ont pas besoin de preuves ?
10 Quelles conséquences doit-on tirer dans nos rapports avec les autres du fait qu'il y a des convictions auxquelles on ne peut pas apporter de preuve ?

troisième sujet — Les faits parlent-ils d'eux-mêmes ?

les mots de l'énoncé

1 Que veut-on dire quand on précise que quelque chose est un *fait* ?
2 Si quelque chose est un *fait*, qu'est-ce que cela exclut ?
3 Quelle est la première assurance que l'on est en droit d'obtenir de *faits* ?
4 Que signifie l'expression : « Les faits parlent » ? Que disent-ils donc ?
5 On n'observe pas les faits matériels sans employer d'instruments. Expliquez en quoi les faits nous parlent par l'intermédiaire du thermomètre, du sismographe ou du scanner.

la forme de la question

6 Cet énoncé fait allusion à une locution d'ordinaire affirmative : « Les faits parlent d'eux-mêmes. » Pourquoi l'énoncé a-t-il adopté une tournure interrogative ?
7 L'énoncé ne dit pas à quel domaine de connaissance il s'applique. Dites plus précisément quels sont les principaux domaines concernés.

les idées qui font le problème

8 En quoi consisterait la connaissance s'il était établi que « les faits parlent d'eux-mêmes » ?
9 Peut-on interpréter de différentes façons ce que dit un seul et même fait ? Donnez un exemple.
10 Quand on emploie cette expression, c'est d'habitude pour signifier qu'il est mis fin à une interrogation, qu'une réponse nous est donnée. De quelle inquiétude cherche-t-on ainsi à se prémunir ?

quatrième sujet — Une pensée cohérente est-elle une pensée vraie ?

les mots de l'énoncé

1 Voici deux énoncés : a) Napoléon est mort à Austerlitz ; b) La stérilité est une maladie héréditaire. Lequel est incohérent (a, b, ou les deux) ?
2 L'expression *une pensée cohérente* se rapporte-t-elle ici à une idée particulière ou à un ensemble d'idées ?
3 Une *pensée cohérente* est-elle une pensée en accord avec la réalité, une pensée en accord avec elle-même, ou une pensée en accord avec la pensée des autres ?
4 Quel est dans cet énoncé le contraire de cohérente : incohérente ou contradictoire ? Pourquoi ?
5 Une pensée incohérente est-elle nécessairement une pensée imprécise ?

la forme de la question

6 La question posée revient-elle à demander si une pensée cohérente est toujours vraie ou si une pensée vraie est toujours cohérente ?

les idées qui font le problème

7 Peut-on faire une objection à une pensée incohérente ? Si oui, laquelle ?
8 La cohérence est-elle pour la vérité une condition nécessaire, une condition suffisante ou une condition nécessaire et suffisante ?
9 Quelle est parmi ces formes de pensée celle qui a le plus grand souci de cohérence : la philosophie, les mathématiques, la littérature ?
10 Est-il impossible qu'une forme de pensée qui ne se soucie pas de cohérence contienne cependant des vérités ?

BAC

Expliquer un texte

■ PREMIÈRE ÉTUDE DE TEXTE ■

Pascal
1651

[...] dans toutes les matières dont la preuve consiste en expériences et non en démonstrations, on ne peut faire aucune assertion[1] universelle que par la générale énumération de toutes les parties et de tous les cas différents. C'est ainsi que, quand nous disons que le diamant est le plus dur de tous les corps, nous entendons[2] de tous les corps que nous connaissons, et nous ne pouvons ni ne devons y comprendre ceux que nous ne connaissons point [...].
De même quand les anciens ont assuré que la nature ne souffrait point[3] de vide, ils ont entendu qu'elle n'en souffrait point dans toutes les expériences qu'ils avaient vues, et ils n'auraient pu sans témérité y comprendre celles qui n'étaient pas en leur connaissance. Que si elles y eussent été, sans doute ils auraient tiré les mêmes conséquences que nous [...].
C'est ainsi que, sans les contredire, nous pouvons assurer le contraire de ce qu'ils disaient et, quelque force enfin qu'ait cette antiquité[4], la vérité doit toujours avoir l'avantage, quoique nouvellement découverte, puisqu'elle est toujours plus ancienne que toutes les opinions qu'on en a eues, et que ce serait ignorer sa nature de s'imaginer qu'elle ait commencé d'être au temps qu'elle a commencé d'être connue.

Blaise Pascal, *Traité du vide*, préface,
dans *Œuvres complètes*, Éditions du Seuil, 1963, p. 232.

1 Assertion : affirmation.
2 Entendons : voulons dire.
3 Ne souffrait point : ne supportait pas.
4 Lire : quelle que soit la force de cette antiquité...

lire le texte ■

1 Donnez un exemple d'assertion établie par simple démonstration.
2 Dans quelles matières ne peut-on se contenter de démonstrations logiques ?

C'est ainsi que, quand nous disons que le diamant est le plus dur de tous les corps, [...] nous ne pouvons ni ne devons y comprendre ceux que nous ne connaissons point [...].

3 Relevez ici une assertion universelle. Qu'est-ce qui la justifie ?
4 Dans cette phrase le verbe *comprendre* a-t-il le sens d'expliquer ou de contenir ?

De même quand les anciens ont assuré que la nature ne souffrait point de vide, ils ont entendu qu'elle n'en souffrait point dans toutes les expériences qu'ils avaient vues [...].

5 Pourquoi peut-on supposer que les anciens formulaient une affirmation provisoire ?

C'est ainsi que, sans les contredire, nous pouvons assurer le contraire de ce qu'ils disaient [...].

6 Pourquoi dire le contraire de ce que disaient les anciens n'est-il pas les contredire ?

[...] la vérité doit toujours avoir l'avantage, quoique nouvellement découverte, puisqu'elle est toujours plus ancienne que toutes les opinions qu'on en a eues [...].

7 Selon l'opinion critiquée par Pascal, quels avantages avaient les affirmations des anciens sur celles des savants contemporains ?

[...] ce serait ignorer sa nature de s'imaginer qu'elle ait commencé d'être au temps qu'elle a commencé d'être connue.

8 Selon Pascal, la vérité est-elle nouvelle, ancienne, ou autre chose ?

trouver la problématique ■

9 Quels obstacles Pascal, dont on sait qu'il a réalisé les premières expériences sur le vide et la pression atmosphérique, a-t-il dû affronter pour faire admettre des idées nouvelles ?
10 En quoi la science est-elle indifférente au prestige de la tradition ?

■ DEUXIÈME ÉTUDE DE TEXTE ■

Kant

1800

Il y a un principe du doute consistant dans la maxime[1] de traiter les connaissances de façon à les rendre incertaines et à montrer l'impossibilité d'atteindre à la certitude. Cette méthode de philosophie est la façon de penser *sceptique* ou le *scepticisme.* [...]

Mais autant ce scepticisme est nuisible, autant est utile et opportune la *méthode sceptique,* si l'on entend seulement par là la façon de traiter quelque chose comme incertain et de le conduire au plus haut degré de l'incertitude dans l'espoir de trouver sur ce chemin la trace de la vérité. Cette méthode est donc à proprement parler une simple suspension du jugement. Elle est fort utile au procédé *critique* par quoi il faut entendre cette méthode de philosophie qui consiste à remonter aux *sources* des affirmations et objections, et aux fondements sur lesquels elles reposent, méthode qui permet d'espérer atteindre à la certitude.

Emmanuel Kant, *Logique,* trad. L. Guillermit, Vrin, 1970, p. 94.

1 Maxime : règle de conduite.

lire le texte ■

Il y a un principe du doute consistant dans la maxime de traiter les connaissances de façon à les rendre incertaines et à montrer l'impossibilité d'atteindre à la certitude. Cette méthode de philosophie est la façon de penser sceptique *ou le* scepticisme.

1 Définissez, dans vos propres termes, le mot *scepticisme* tel qu'il est présenté dans le passage cité.

[...] la méthode sceptique, *si l'on entend seulement par là la façon de traiter quelque chose comme incertain et de le conduire au plus haut degré de l'incertitude dans l'espoir de trouver sur ce chemin la trace de la vérité.*

2 Définissez, dans vos propres termes, la *méthode sceptique* telle qu'elle est présentée dans le passage cité.

3 *Scepticisme* et *méthode sceptique* diffèrent-ils par leurs moyens ou par leurs buts ?

4 Pourquoi la méthode sceptique est-elle à proprement parler une *simple suspension du jugement* ?

5 Puisque le scepticisme n'est pas une *simple suspension du jugement,* comment le définir en modifiant cette formule ?

[...] procédé critique *par quoi il faut entendre cette méthode de philosophie qui consiste à remonter aux* sources *des affirmations et objections, et aux fondements sur lesquels elles reposent, méthode qui permet d'espérer atteindre à la certitude.*

6 Définissez dans vos propres termes ce que fait le *procédé critique* et quel est son but, d'après ce passage.

trouver la problématique ■

7 Quel est l'adversaire commun de la méthode sceptique et du scepticisme ?

8 Qu'ont-ils en commun, et qu'est-ce qui les oppose ?

9 Comment expliquer que le doute puisse conduire à la certitude ?

10 La certitude scientifique peut-elle être définitive ?

■ TROISIÈME ÉTUDE DE TEXTE ■

Alain
1921

Quiconque pense commence toujours par se tromper. L'esprit juste se trompe d'abord tout autant qu'un autre ; son travail propre est de revenir, de ne point s'obstiner, de corriger selon l'objet la première esquisse [...]. Toutes nos erreurs sont des jugements téméraires, et toutes nos vérités, sans exception, sont des erreurs redressées. On comprend que le liseur ne regarde pas à une lettre, et que, par un fort préjugé, il croie toujours l'avoir lue, même quand il n'a pas pu la lire ; et, si elle manque, il n'a pas pu la lire. Descartes disait bien que c'est notre amour de la vérité qui nous trompe principalement, par cette précipitation, par cet élan, par ce mépris des détails, qui est la grandeur même. Cette vue est elle-même généreuse ; elle va à pardonner l'erreur ; et il est vrai qu'à considérer les choses humainement, toute erreur est belle. Selon mon opinion un sot n'est point tant un homme qui se trompe qu'un homme qui répète des vérités, sans s'être trompé d'abord comme ont fait ceux qui les ont trouvées.

Alain, *Libres propos*, Gallimard,
coll. « Bibliothèque de la Pléiade », 1970, t. II, p. 411.

lire le texte ■

Quiconque pense commence toujours par se tromper. L'esprit juste se trompe d'abord tout autant qu'un autre ; son travail propre est de revenir, de ne point s'obstiner, de corriger selon l'objet la première esquisse [...].

1 Quel est le risque propre à l'acte de penser ? L'affirmation de l'auteur serait-elle justifiée s'il avait écrit « Quiconque calcule » au lieu de *Quiconque pense* ?

2 A quelle activité artistique l'acte de penser est-il comparé ?

Toutes nos erreurs sont des jugements téméraires, et toutes nos vérités, sans exception, sont des erreurs redressées.

3 Cherchez dans l'observation courante des choses, l'observation visuelle par exemple, un cas de jugement téméraire.

4 Montrez en quoi une vérité, comme par exemple « La terre tourne » est une erreur redressée.

On comprend que le liseur ne regarde pas à une lettre, et que, par un fort préjugé, il croie toujours l'avoir lue, même quand il n'a pas pu la lire ; et, si elle manque, il n'a pas pu la lire.

5 Analysez le mécanisme de la lecture d'un mot. A-t-on besoin d'en lire toutes les lettres ?

Descartes disait bien que c'est notre amour de la vérité qui nous trompe principalement, par cette précipitation, par cet élan, par ce mépris des détails, qui est la grandeur même. Cette vue est elle-même généreuse ; elle va à pardonner l'erreur ; et il est vrai qu'à considérer les choses humainement, toute erreur est belle.

6 Avons-nous nécessairement tort de juger dans la hâte et la précipitation ?

Selon mon opinion un sot n'est point tant un homme qui se trompe qu'un homme qui répète des vérités, sans s'être trompé d'abord comme ont fait ceux qui les ont trouvées.

7 Cherchez un exemple d'idée que vous n'avez bien comprise qu'après avoir compris l'erreur que vous aviez d'abord faite.

trouver la problématique ■

8 On pense en lisant ce texte à l'expression très connue « L'erreur est humaine ». Dans quel sens est-elle prise ordinairement ?

9 En quel sens l'auteur semble-t-il prendre cette expression ?

10 A partir de ce texte, quelle définition de la sottise peut-on donner ?

bilan

vocabulaire

Donnez la définition des mots suivants :

1 évidence
2 objectivité
3 cohérence
4 conformité
5 critère

Expliquez la différence entre les termes suivants :

6 vrai – logique
7 vérité – certitude
8 erreur – illusion
9 prouver – démontrer
10 persuader – convaincre

connaissances

1 Pourquoi une idée vraie ne peut-elle être une simple copie de la réalité ?
2 Dire qu'une vérité est relative, est-ce dire qu'elle dépend de l'opinion de chacun ?
3 Les mathématiques offrent-elles le modèle de toute vérité ?
4 Comment peut-on mentir en disant une vérité ?
5 Pourquoi ne suffit-il pas pour être sincère de dire ce qu'on croit vrai ?

texte

Il n'y a pas de méthode de raisonnement plus commune, et pourtant il n'y en a pas de plus blâmable, que de tenter de réfuter une hypothèse, dans les discussions philosophiques, par le danger de ses conséquences pour la religion et la morale. Quand une opinion conduit à des absurdités, elle est certainement fausse ; mais il n'est pas certain qu'une opinion soit fausse parce qu'elle est de dangereuse conséquence. Nous devons donc éviter absolument de pareils lieux communs, car ils ne servent en rien la découverte de la vérité ; ils servent seulement à rendre odieuse la personne d'un adversaire.

Hume, *Enquête sur l'entendement humain*, D.R.

1 Quelles sont les deux méthodes de réfutation d'une hypothèse ?
2 A quelle méthode appartient ce raisonnement : « On ne peut admettre que l'âme humaine disparaît après la mort, car sinon les péchés ne pourraient pas être punis par Dieu, et les méchants seraient encouragés à commettre les pires crimes » ?
3 A quelle méthode appartient ce raisonnement : « L'idée que l'âme et le corps sont deux substances distinctes rend incompréhensible l'action de l'âme sur le corps (quand je décide de lever ma main) comme l'action du corps sur l'âme (quand la honte me fait rougir) » ?
4 Quelle différence y a-t-il entre critiquer une idée et attaquer la personne qui soutient cette idée ?
5 Comment le principe de libre critique autant que celui de tolérance sont-ils illustrés et justifiés dans la dernière phrase du texte ?

Table des illustrations

p. 14-15, ph © Henri Cartier-Bresson/Magnum ; p. 17, ph © Sebastião Salgado/Magnum ; p. 18, ph © Leni Riefensthal ; p. 19, ph © Fay Godwin/Collections, Londres ; p. 20, ph © Éric Morin ; p. 21, ph © René Burri/Magnum ; p. 27, ph © James Balog/Fotogram Stone ; p. 28, ph © Ferorelli/Cosmos ; p. 40-41, ph © Sebastião Salgado/Magnum ; p. 43, ph © XTDR ; p. 44 g, ph © SEB ; p. 44 d, ph © Lauros-Giraudon/coll. musée des Antiquités nationales, Saint-Germain-en-Laye ; p. 45, ph © Bogaert ; p. 47, ph © Bulloz/coll. bibliothèque de l'Institut, Paris ; p. 50, ph © TDR ; p. 53, ph © T. Haley/Sipa Press ; p. 54, ph © RMN, Paris ; p. 66-67, ph © RMN, Paris ; p. 68, ph © musée Dapper ph Hubert Dubois ; p. 69, ph © MNAM, centre Georges-Pompidou, Paris ; p. 70 g, ph © Lauros-Giraudon ; p. 70-71 mb, ph © Giraudon ; p. 70-71 mh, ph © Giraudon ; p. 71 d, ph © Giraudon ; p. 72-73, ph © Sarkis, Paris ; p. 72 g, ph © Michel Séméniako/Métis ; p. 74 h, ph © Jacqueline Salmon ; p. 74 b, ph © Jacqueline Salmon ; p. 75 h, ph © André Held/Artéphot ; p. 75 b, ph © Kunstmuseum, Berne ; p. 77, ph © B. Karlsson/National Museum, Stockholm ; p. 79, ph © RMN, Paris ; p. 80, ph © Yale University art gallery, New Haven ; p. 81, ph © Alinari/Giraudon ; p. 82 h, ph © MNAM, centre Georges-Pompidou ; p. 82 b, ph © MNAM, centre Georges-Pompidou ; p. 84, ph © Bruno Jarret/musée Rodin, Paris ; p. 85, ph © RMN, Paris ; p. 86, ph © Bruno Jarret/musée Rodin, Paris ; p. 87, ph © RMN, Paris ; p. 89 h, ph © Lauros-Giraudon ; p. 89 b, ph © Indianapolis Museum of art ; p. 91 h, ph © Rijksmuseum, Amsterdam ; p. 91 b, ph © Rijksmuseum, Amsterdam ; p. 98-99, ph © B. Descamps/Métis ; p. 101, ph © R. Depardon/Magnum ; p. 102-103, ph © Frédéric Brenner ; p. 105, ph © musée d'Histoire contemporaine, BDIC, Paris ; p. 106-107, ph © J. Koudelka/Magnum ; p. 110, doc. extrait de *Le Commissariat aux archives* d'Alain Jaubert, Éditions Bernard Barrault, 1986. ; p. 111, doc. extrait de *Le Commissariat aux archives* d'Alain Jaubert, Éditions Bernard Barrault, 1986 ; p. 113, ph © Giraudon © Droits Réservés ; p. 124-125, ph © Jean Bernard ; p. 126, collection Cinestar ; p. 127, ph © RMN, Paris ; p. 129, ph © Hugues de Wurstemberger/Vu ; p. 134, ph © Hervé Gloaguen/Rapho ; p. 136, ph © Droits Réservés ; p. 137, ph © Roger-Viollet ; p. 138, ph © collection Thyssen-Bornemisza, Madrid ; p. 150-151, ph © RMN, Paris ; p. 153, ph © Zon Hei Yi/Vu ; p. 154, ph © Doisneau/Rapho ; p. 158, ph © Giraudon ; p. 160, ph © Ips/DITE ; p. 163, ph © Didier Klein/Vandystadt ; p. 164, ph © F. Le Diascorn/Rapho ; p. 176-177, ph © Serveis Fotogràfics Casals/Freixa, Barcelone ; p. 179, ph © Willy Ronis/Rapho ; p. 180, ph © Martine Franck/Magnum ; p. 181, ph © Philippe Breson © Michel Jaffrenou ; p. 183, ph © MNAM, centre Georges-Pompidou ; p. 184, ph © Herbert List/Magnum ; p. 186, ph © Bulloz ; p. 189, ph © Connie Imboden/galerie Suzel Bernard ; p. 190, ph © Barbara Kruger/courtesy Mary Boone gallery, New York ; p. 202-203, ph © Hulton Deutsch/Sipa ; p. 204, ph © Roger Viollet ; p. 205, ph © Rijksmuseum, Amsterdam ; p. 207, ph © Dennis Stock/Magnum ; p. 210, 211 ph © J. L. Charmet ; p. 214-215, ph © Bibliothèque nationale de France, Paris ; p. 216, ph © courtesy Annely Juda Fine Arts gallery, Londres ; p. 228-229, ph © Nicolas Tikhomiroff/Magnum ; p. 230, ph © RMN, Paris ; p. 231 g, ph © MNAM, centre Georges-Pompidou ; p. 231 hd, collection Lucien Treillard ph © Man Ray trust/Adagp, Paris, 1995 ; p. 231 bd, ph © RMN, Paris ; p. 233, ph © galerie Rosengart, Lucerne ; p. 234, ph © Boyer/Viollet ; p. 237, ph © collection Viollet ; p. 238, ph © Shane Kermani/Gamma Liaison ; p. 241, ph © Chema Madoz ; p. 242-243, ph © Lacoste/Droits Réservés.

Imprimé en Italie par G.Canale & C. S.p.A. - Borgaro T.se - TURIN
Dépôt legal : N.14829 - Aout 1995